Cómo tener éxito en la vida

Cómo tener éxito en la vida

DR. DAVID YONGGI CHO

La misión de Editorial Vida es ser la compañía líder en comunicación cristiana que satisfaga las necesidades de las personas, con recursos cuyo contenido glorifique a Jesucristo y promueva principios bíblicos.

CÓMO TENER ÉXITO EN LA VIDA
Edición en español publicada por
Editorial Vida – 1995
Miami, Florida

Rediseñado 2010

©1995 por Editorial Vida

Originally published in the USA under the title:
Successful Living
©1977 by David Yonggi Cho
By Young San Publications

Traducción: *Silvia Cudich*
Edición: *Editorial Vida*
Diseño interior: *Cathy Spee*
Diseño de cubierta: *Base Creativa*

ISBN: 978-0-8297-5288-5

CATEGORÍA: Vida cristiana / Crecimiento espiritual

IMPRESO EN ESTADOS UNIDOS DE AMÉRICA
PRINTED IN THE UNITED STATES OF AMERICA

10 11 12 13 ___ ❖ ___ 6 5 4 3 2 1

Contenido

Prefacio

Yo me declaro culpable por algunos prejuicios personales. El pastor Yonggi Cho es «mi clase de predicador». *Él construye la fe* y la fe complace a Dios.

Estos mensajes, que fueron extraídos de un ministerio a nivel mundial, están revestidos de sencillez. Ellos tienen la autoridad de la Palabra.

Las ilustraciones que el pastor Cho fue guiado a usar, son «ventanas» que le ayudan al lector a echar una mirada al mundo grande e invisible que nos rodea.

El selecto contenido de este libro trata acerca de los problemas cotidianos. Las respuestas se aplican tanto en Berlín, en Londres, en Los Ángeles, como en Seúl.

El pastor Cho ama a la humanidad. Tiene la clase de compasión que encontramos en los hombres valerosos de Dios. Yonggi Cho ama demasiado a las personas como para ofrecerles halagos que los hagan sentir bien pero que les dejen el corazón vacío. *Él trae la Palabra de Dios apropiada para cada problema en particular*. De esa manera comunica confianza.

Yo he sido muy bendecido al escuchar a mi colega en el Señor. Y ha sido un honor ser invitado a su púlpito. Ahora es un placer adicional leer sobre su ministerio.

Este libro debiera ser compartido con la mayor cantidad de personas posible. Al mismo tiempo, usted se sentirá *elevado*.

La dirección que este libro provee, viene de la experiencia acumulada por uno de los más poderosos y exitosos predicadores de la tierra.

Es un honor y un privilegio recomendárselo a mis amigos en cualquier lugar que sea.

C. M. Ward
Ex presidente del Instituto Bíblico Betania
Santa Ana, California.

Prólogo

El doctor Yonggi Cho es uno de los líderes pentecostales más importantes de nuestra época. Es pastor de la iglesia más grande del mundo. Las más de sesenta mil personas de su congregación son testimonio de su ministerio.

Yonggi Cho es un hombre de fe, talento y compasión. Es un gran predicador de la Palabra de Dios no solo en Corea sino en todo el mundo. Su personalidad y su elocuencia son parte de la razón de su éxito, pero los factores más importantes son su conocimiento bíblico y la unción del Espíritu Santo en su ministerio.

Es un privilegio recomendar esta obra a los interesados en tener una vida de éxito. Me deleito al pensar que un mayor número de personas serán bendecidas con la publicación de este libro. Le pido a Dios que muchas vidas sean transformadas cuando reciban las verdades que el autor ha presentado en estas páginas.

Thomas F. Zimmerman
Ex superintendente General
Concilio General de las Asambleas de Dios,
Estados Unidos de Norteamérica

Capítulo 1

DELE NOMBRE AL AÑO NUEVO
Génesis 2:19-20

Cada año nos trae trescientos sesenta y cinco días de ilimitadas posibilidades. Podemos arruinar los días que Dios nos ha otorgado con penas, derrotas, desalientos y fracasos, o llenarlos con actividades creativas, deleites, victorias y bendiciones. Con la misma tela podemos hacer un vestido maravilloso, o uno mal hecho de acuerdo con nuestras habilidades; y con los mismos productos se puede cocinar un plato delicioso, o un plato sin sabor, incomible, según la capacidad de quien lo cocine. De la misma manera, Dios nos otorga cada año, y la responsabilidad de utilizarlo bien y lograr que sea un año pleno de victorias y de éxitos descansa sobre nuestros hombros.

Deseo mostrarle tres maneras vitales de vivir una vida victoriosa y de éxito durante este año.

En primer lugar, hablemos sobre su vida mental. La bendición más grande que nuestro Señor nos ha conferido es nuestra capacidad de pensar. Toda cosa hecha por el hombre que encontramos a nuestro alrededor es el producto de nuestros pensamientos; por lo tanto, el pensamiento es la principal fuente de creación de todas las cosas.

El universo creado es resultado del pensamiento de Dios. También es verdad que nuestra mente es el lugar de reunión de los mundos espirituales. Encontramos a Dios en su Palabra. Los pensamientos de Dios se revisten de palabras y descienden a nuestros pensamientos y allí, en nuestra mente, están en íntima comunión unos con los otros.

Nadie jamás ha visto a Dios. Aun así, conocemos el corazón de Dios porque leemos su Palabra. Cuando los pensamientos de Dios penetran nuestro corazón por el poder del Espíritu Santo y se arraigan en nuestros pensamientos, entonces la manifestación de los pensamientos de Dios comienza a tener lugar en nuestra vida.

El diablo puede también ocupar los pensamientos humanos. El diablo proyecta sobre la pantalla de nuestros pensamientos toda clase de tentaciones y de pensamientos destructivos y negativos. Si recibimos a los pensamientos de Satanás, entonces él entra en la mente y la controla para que lleve a cabo acciones demoníacas. Por esta razón, debemos mantener nuestros pensamientos limpios. Cuando grabamos los pensamientos de Dios en nuestra mente a través de la Palabra, veremos la manifestación de Dios y sus milagros en nuestra vida.

Mantenga sus pensamientos de forma constante en la Palabra de Dios y en Jesucristo. De esa manera, el diablo no tendrá la oportunidad de meterse sigilosamente en su vida. Todos los días los pensamientos de Dios y los pensamientos de Satanás están golpeando a la puerta de su mente. Tenga mucho cuidado a quién le abre la puerta. Usted trabaja con Dios cuando posee los pensamientos de él, pero si tiene los pensamientos del diablo entonces, naturalmente, usted está al servicio del diablo. En última instancia, la batalla espiritual es una batalla de los pensamientos que hay en su mente.

En segundo lugar, deseo hablarle acerca de su visión. Cuando usted concentra su mirada en alguna cosa de manera constante, eso extrae un increíble poder de creación ya sea para el bien o para el mal. Observe la vida de Eva. Génesis 3:6 dice:

> *Y vio la mujer que el árbol era bueno para comer, y*
> *que era agradable a los ojos, y árbol codiciable para*
> *alcanzar la sabiduría; y tomó de su fruto, y comió; y*
> *dio también a su marido, el cual comió así como ella.*

Observe las palabras «y vio la mujer que el árbol». Al contemplar Eva el árbol, fue tentada por el diablo. Más adelante, Satanás hizo que el árbol le fuera tan apetecible que consiguió engañarla, y Eva cayó en la tentación. Estoy casi seguro de que esta tragedia no ocurrió porque ella le dio solo una miradita a ese árbol. Eva continuó contemplando ese árbol por tanto tiempo que al final cayó en la trampa de Satanás.

Veamos ahora a Abraham cuando recibió la tierra de Canaán. La Biblia dice en Génesis 13:14-15:

> *Y Jehová dijo a Abram, después que Lot se apartó*
> *de él: Alza ahora tus ojos, y mira desde el lugar*
> *donde estás hacia el norte y el sur, y al oriente y al*
> *occidente. Porque toda la tierra que ves, la daré a ti*
> *y a tu descendencia para siempre.*

Observe la promesa de Dios: «Porque toda la tierra que ves, la daré a ti y a tu descendencia». Por lo tanto, ver o contemplar son los requisitos previos para poseer. Si usted no contempla nada, entonces tampoco poseerá nada. Dios le dijo de manera específica a Abraham que mirara, no solo en una dirección, sino al norte, al sur, al este y al oeste. Dado que somos los hijos de Abraham, debiéramos ser muy cuidadosos de qué es lo que contemplamos, ya que con seguridad, todo lo que contemplemos ocurrirá en nuestra vida.

Miremos de nuevo la trágica muerte de la mujer de Lot en Sodoma y Gomorra. En Génesis 19:26 se nos dice que: «Entonces la mujer de Lot miro atrás, a espaldas de él, y se volvió estatua de sal». Cuando el ángel del Señor los sacó de allí, les ordenó: «Escapa por tu vida; no mires tras ti...». Pero la mujer de Lot desobedeció y en vez de correr para salvar su vida, miró hacia atrás y murió de manera trágica.

Vienen también grandes bendiciones cuando miramos. Una vez más observemos a Abraham. Cuando leemos Génesis 15:5 vemos que Abraham fue llamado por Dios.

> *Y lo llevó fuera, y le dijo: Mira ahora los cielos, y*
> *cuenta las estrellas, si las puedes contar. Y le dijo:*
> *Así será tu descendencia.*

Dios le dijo a Abraham que alzara sus ojos al cielo y contara las estrellas, pero era imposible contarlas. Dios le dijo: «Abraham, tu simiente, tus descendientes, serán tan numerosos como esas estrellas». Sus ojos se llenaron de lágrimas y parecía que él miraba los rostros de sus hijos y sentía como que los escuchaba llamando su nombre, «padre Abraham», desde cada una de aquellas estrellas. Cada vez que Abraham miraba a las estrellas se acordaba de la promesa que Dios le había hecho. Continuaba viendo los rostros de sus hijos cada día. Dios dejó que Abraham viera a su simiente con claridad a través de la lección de las innumerables estrellas, y al fin, esa promesa tuvo lugar en la exacta proporción en la que él vio las estrellas.

Ahora observemos un hecho en la vida de Jacob. En Génesis 30:37-39 leemos:

> *Tomó luego Jacob varas verdes de álamo, de*
> *avellano y de castaño, y descortezó en ellas*
> *mondaduras blancas, descubriendo así lo*
> *blanco de las varas. Y puso las varas que había*

*mondado delante del ganado, en los canales de
los abrevaderos del agua donde venían a beber las
ovejas, las cuales procreaban cuando venían a beber.
Así concebían las ovejas delante de las varas; y
parían borregos listados, pintados y salpicados de
diversos colores.*

Por mucho tiempo, cuando leía esta parte de las Escrituras sentía una cierta inquietud en mi corazón porque pensaba que esto era bastante supersticioso. Sin embargo, cuando el Espíritu Santo me iluminó, esta fue una de las más grandes lecciones que he aprendido en mi vida. Jacob trabajó durante veinte largos años para su tío, pero este lo engañó más de veinte veces con respecto a su salario. De modo que esta vez, al fin, Jacob le prometió a su tío que le cuidaría sus ovejas con la condición de que pudiera tomar para sí como paga todas las listadas, pintadas y salpicadas de diversos colores que nacieran. El tío de Jacob estaba contento con ese acuerdo, ya que pensó que Jacob se estaba engañando a sí mismo; era muy difícil que los animales de un solo color dieran nacimiento a animales listados o salpicados. Dios le dio sabiduría a Jacob, y a través de ella su futuro cambia.

Cada día Jacob observaba a los árboles mondados, salpicados y pintados de diversos colores. Su conciencia de fracaso comenzó a desvanecerse, y al final Jacob solo veía el rebaño de ovejas listadas, pintadas y salpicadas de diversos colores. Dios había realizado un milagro.

Jacob cambió su imagen propia y su futuro cuando miró a los árboles pintados y salpicados de diversos colores y Dios pudo obrar en su vida. Dios cambia todo el futuro de Jacob por medio de visiones y sueños. Hechos 2:17 nos dice que cuando el Espíritu Santo viene sobre nosotros, nos dará visiones y sueños.

Y en los postreros días, dice Dios, derramaré de mi
Espíritu sobre toda carne, y vuestros hijos y vuestras
hijas profetizarán; vuestros jóvenes verán visiones, y
vuestros ancianos soñarán sueños.

Sin visiones y sueños nunca seremos creativos. En el ámbito pentecostal actual, el Espíritu Santo de Dios viene y nos inspira grandes visiones y sueños, nos impulsa a lanzarnos en su nombre; y vemos que se están logrando maravillas.

¿Qué veremos en el año que tenemos por delante? Para ver, usted debe ponerse una meta definida. Sin una meta, ¿cómo puede ver? Comience por ver el cumplimiento de la meta en su visión de una manera clara, en tecnicolor y de manera muy vívida. Mantenga todos los días, en su corazón, esa meta que usted ha previsto. Marche hacia adelante, y con todas sus fuerzas busque alcanzar esa meta en su vida. Espere un milagro y Dios obrará a través suyo.

En tercer lugar, quiero conversar acerca de un asunto muy importante: aquel de darle un nombre. Por medio del nombre, usted define la naturaleza de su llamado. Cuando leemos Génesis 2:19, vemos cómo Dios llamó a Adán y cómo Adán le dio nombre a todos los animales. La Biblia dice:

Jehová Dios formó, pues, de la tierra toda bestia del
campo, y toda ave de los cielos, y las trajo a Adán
para que viese cómo las había de llamar; y todo lo
que Adán llamó a los animales vivientes, ese es su
nombre.

Dios creó los animales y se los trajo a Adán para que les pusiera nombre a cada uno. Este pasaje de la Escritura tiene una tremenda profundidad. La actividad de Adán de darles nombre a los animales no solo significó darles el nombre real, sino también significó darles la naturaleza que seguirían.

En la Biblia encontramos que cuando Dios cambió a alguien, siempre le cambió primero su nombre. Veamos algunos ejemplos.

Antes que Dios le diera a Abraham su hijo Isaac, le cambió su nombre de Abram a Abraham, que significa «padre de muchas naciones». El nombre de la esposa de Abraham era Sarai, pero Dios le cambió el nombre de Sarai a Sara, que significa «princesa». Abraham tenía unos cien años de edad y Sara tenía unos noventa, pero ellos comenzaron a llamarse por sus nombres nuevos. Entonces, sus nombres nuevos cambiaron su vida y al fin tuvieron un precioso hijo que recibió el nombre de Isaac, que significa «risa».

Veamos ahora la vida de Jacob. Jacob significa «el que suplanta», pero cuando recibió la bendición del ángel del Señor en el río Jaboc, el ángel del Señor le cambió su nombre de Jacob a Israel, el cual significa «el príncipe». Y así como su nombre fue cambiado, así también lo fue su vida.

Cuando leemos sobre la vida de Simón Pedro, vemos que cuando Jesucristo lo encontró por primera vez, su nombre era Simón, «la caña». Su naturaleza era exactamente semejante a la de una caña, balanceándose en el viento y cambiando ante cada capricho. Sin embargo, después de mirar a los ojos de Simón, Jesús de repente le cambió el nombre. Él dijo: «Serás llamado Pedro», lo cual significa «roca pequeña». Nadie creyó en las palabras de Jesús, y quizás todos se rieron con el cambio de nombre de Simón porque él era como una caña. Pero Jesús cambió su nombre, y después de casi tres años vemos a Simón convertido en Pedro, «la roca». Él se convirtió en la «roca» de la iglesia, en el pilar de la nueva obra cristiana.

¡Piense en el poder increíble que Dios le otorgó a Adán cuando le ordena ponerles nombre a todos los animales de Dios!

Cualquiera que sea el nombre que él les puso, se convirtió en el nombre particular y en la naturaleza de ese animal.

Ahora usted se encuentra en la posición de Adán en cuanto a que Dios le trae trescientos sesenta y cinco días al año, como animales, para que le sirvan y sean como un amigo para usted. Debe darles nombre y rostro porque esos trescientos sesenta y cinco días son puestos ante usted sin ellos. Debe definir el contenido y la naturaleza de cada día dándole un nombre adecuado. Usted puede darles nombres negativos o malos y como resultado será atacado brutalmente por Satanás. Muchas personas no entienden por qué han experimentado tanta infelicidad y desgracia en su vida y no se dan cuenta de que le han dado nombres negativos a sus días. Si les hubieran dado buenos nombres entonces los días hubieran venido y los hubieran servido con bondad. Sí, usted puede darles nombres positivos y buenos y ellos le servirán a usted con bondad y con éxito. Ya sea que le guste o no, usted le dará nombres a los días, ya sea de manera consciente o inconsciente. Y su vida será influenciada por el nombre que le dé a cada día en particular.

En mi propia experiencia, cada mañana, cuando me sale al encuentro el nuevo día sin naturaleza o rostro, lo primero que hago es darle un nombre y declarar su naturaleza, dándole así un rostro (propósito y meta). Por lo general digo: «Padre, te doy gracias por este nuevo día que me has dado. Nuevo día, tu nombre es eficiencia. Hoy, desde temprano en la mañana hasta tarde en la noche, tú me servirás con gran eficiencia y éxito». Entonces, en efecto, esa criatura, el día, me servirá con una grande y tremenda eficiencia. Algunas veces me deleito al nombrar el día con una promesa de la Palabra de Dios. Digo: «Padre, tú has prometido en la tercera epístola de Juan, en el versículo segundo: "Yo deseo que tú seas prosperado en todas las cosas, y que tengas salud, así como prospera tu alma", de modo que le doy esos nombres a este día. Día, yo te doy un nombre. Tu nombre es prosperidad, salud y éxito». De esta manera nombro y le doy un rostro (las metas y los propósitos) al día y ese día viene con esas bendiciones para servirme a través de toda la jornada.

Usted puede darles nombres y rostros a los días que Dios le da. Deles nombres y déjelos que le sirvan de una manera hermosa.

A modo de conclusión, Dios nos ha dado estos regalos increíbles, los trescientos sesenta y cinco días de este año. Para lograr que este sea un año de grandes éxitos y bendiciones, pensemos con rectitud, miremos a través de los ojos espirituales y démosle nombre con sabiduría, de modo que podamos vivir una vida para la gloria de Dios y ser testimonio para los incrédulos. Cada día del año es su responsabilidad, y si llega el último día de este año y usted se da cuenta que de alguna manera ha fallado, no puede culpar a los demás. He mencionado tres maneras de cambiar su vida. Confíe en que Dios lo ayudará a reflejar su amor todos los días cambiándolo para su gloria.

Capítulo 2

El primer milagro
Juan 2:1-11

Un profesor en un seminario les dijo a sus estudiantes que el creer en Cristo no tiene nada que ver con las bendiciones materiales. También los desafió a que encontraran en la Biblia algún ejemplo donde Dios bendijera a su pueblo con cosas materiales. Pienso que ese profesor debe haber sido bastante corto de vista como para insistir en algo semejante. Al parecer, él piensa que Jesucristo es el Salvador de nuestra alma solamente y no puede creer que sea asimismo un gran y exitoso hombre de negocios.

Jesucristo realizó su primer milagro cuando ayudó a una pobre pareja de recién casados a comenzar su hogar con éxito. Leemos en las Escrituras que una pareja recién casada se encontró en una situación vergonzosa y que ellos se hallaban angustiados porque se terminó el vino antes de que el banquete nupcial hubiera terminado.

Para tener éxito en los negocios y en la vida, usted debe tener una actitud correcta hacia la vida. Todos tenemos problemas, ya que la vida es una lucha constante por satisfacer necesidades y llenar vacíos. En este mundo no hay nadie que no tenga alguna clase de problema. Tendremos problemas, pero nuestra actitud hacia la vida puede hacer que las cosas sean diferentes. De forma automática, su actitud determina en gran medida su fracaso o su éxito en la vida. Si su actitud en la vida es: «Tengo un problema, ¡qué horrible!», entonces esa actitud lo llevará a tener pensamientos negativos, desasosiego, temor y desaliento. Y lo hará fracasar al final.

Por otra parte, otra actitud hacia la vida es: «Tengo un problema, eso es bueno». Esa actitud naturalmente traerá pensamientos positivos de esperanza y de fe. Esa clase de pensamientos lo pondrá en contacto con la corriente de poder del Espíritu Santo y hará que su vida tenga éxito.

Tenemos ejemplos de esto en el Antiguo Testamento. En Números 13:17-33 leemos cómo Moisés escogió a doce espías y los envió a investigar la tierra de Canaán. Después de cuarenta días, cuando regresaron, diez de ellos trajeron un informe negativo. Puede encontrar ese informe en Números 13:31-33:

> *Mas los varones que subieron con él, dijeron: No podremos subir contra aquel pueblo, porque es más fuerte que nosotros. Y hablaron mal entre los hijos de Israel, de la tierra que habían reconocido, diciendo: La tierra por donde pasamos para reconocerla, es tierra que traga a sus moradores; y todo el pueblo que vimos en medio de ella son hombres de grande estatura. También vimos allí gigantes, hijos de Anac, raza de los gigantes, y éramos nosotros, a nuestro parecer, como langostas; y así les parecíamos a ellos.*

Esta es la misma actitud de: «Tengo un problema, ¡qué horrible!». Esa clase de informe trajo temor, desaliento y pensamientos negativos al corazón de los israelitas. El corazón de ellos se derritió como el agua y toda la multitud comenzó a llorar durante toda la noche. Decidieron volver a Egipto dándole el liderazgo a uno de sus ministros. Por esto Dios se llenó de ira contra ellos y los hizo regresar al desierto donde caminaron sin rumbo durante cuarenta años hasta que fueron consumidos por las penurias del desierto y murieron.

Sin embargo, los otros dos espías, Josué y Caleb, que habían ido junto con el grupo regresaron y dieron un informe diferente por completo. El informe de ellos está escrito en Números 14:7-9:

> *Y hablaron a toda la congregación de los hijos de Israel, diciendo: La tierra por donde pasamos para reconocerla, es tierra en gran manera buena. Si Jehová se agradare de nosotros, él nos llevará a esta tierra, y nos la entregará; tierra que fluye leche y miel. Por tanto, no seáis rebeldes contra Jehová, ni temáis al pueblo de esta tierra; porque nosotros los comeremos como pan; su amparo se ha apartado de ellos, y con nosotros está Jehová; no los temáis.*

Josué y Caleb dieron el informe: «nosotros los comeremos como pan». Esa es la actitud correcta. Ellos estaban diciendo: «Tenemos un problema pero está bien. Este problema se convertirá en pan para nosotros». Usted sabe que si come más y más pan, crecerá más y más fuerte. Si un niño se queja y no come, se pondrá cada vez más débil, y con el tiempo sufrirá de malnutrición. De modo que si los niños tienen siempre un buen sentido del gusto y del olfato, entonces crecerán fuertes. Los cristianos necesitamos buen pan también; tal como dijo Caleb: «Ellos serán pan para nosotros». Esas dificultades, esos gigantes, esas altas montanas y esos valles profundos son nuestro pan. Esta es la actitud correcta. Esta clase de actitud trae pensamientos positivos, esperanza y fe. Con esta clase de pensamientos el Espíritu Santo viene, coopera y realiza milagros.

Esa pareja de recién casados en Caná de Galilea tenía una actitud positiva y comenzaron a buscar una solución, y encontraron que Jesucristo era la respuesta. Escuchemos su exitosa historia. Antes de que esa pareja le pidiera a Jesucristo que los ayudara, ellos lo invitaron primero a él y a sus discípulos y los agasajaron. Mateo 7:12 dice:

> *Así que, todas las cosas que queráis que los hombres hagan con vosotros, así también haced vosotros con ellos; porque esto es la ley y los profetas.*

También leemos en Mateo 7:7-11 que dice:

> *Pedid, y se os dará; buscad, y hallaréis; llamad, y se os abrirá. Porque todo aquel que pide, recibe; y el que busca, halla; y al que llama, se le abrirá. ¿Qué hombre hay de vosotros, que si su hijo le pide pan, le dará una piedra? ¿O si le pide un pescado, le dará una serpiente? Pues si vosotros, siendo malos, sabéis dar buenas dádivas a vuestros hijos, ¿cuánto más vuestro Padre que está en los cielos dará buenas cosas a los que le pidan?*

Sí, parece que las personas hoy en día siempre quieren que Jesucristo las sirva antes de que ellas le sirvan a él, pero este es el orden equivocado. He notado esto muchas veces cuando visito un hogar cristiano o cuando aconsejo a incrédulos. Muchas veces dirán: «Si Dios pudiera responder nuestra oración», o «Si Dios pudiera resolvernos solo este problema entonces lo serviríamos y le daríamos nuestros diezmos. Entonces amaríamos a Dios de la manera correcta». Pero esta es la actitud equivocada, porque antes de pedirle algo a Dios, debiéramos primero servirle. Alegrar y complacer el corazón de Dios es la ley y los profetas. La Biblia dice esto con toda claridad en Mateo 7:12:

«Así que, todas las cosas que queráis que los hombres hagan con vosotros, así también haced vosotros con ellos; porque esto es la ley y los profetas».

Si usted quebranta esa regla, no tendrá derecho para venir a Dios y pedirle que responda sus oraciones o resuelva sus problemas. Por esta razón muchos creyentes fracasan en su vida cristiana y en su vida de oración.

Así que esa pareja de recién casados hizo lo correcto porque primero invitaron a Jesús y a sus discípulos, y los agasajaron y los hicieron felices. Luego, cuando ocurrió el problema, tuvieron la confianza en su corazón de que Jesucristo iba a responder a la situación y los ayudaría. Vinieron y discutieron la situación con la madre de Jesús, y ella fue directamente a él y le dijo que no había más vino.

Jesús no se apresuró. Hoy en día las personas siempre están apuradas. Quieren que todas las cosas se hagan al instante o en cinco minutos. No obstante, Dios siempre responde en su tiempo y nunca llega tarde o antes de lo previsto. Él hace todas las cosas de acuerdo con su propio tiempo y sus planes.

De modo que Jesús le dijo a su madre: «Aún no ha venido mi hora». Sin embargo, ella les dijo a los sirvientes que hicieran todo lo que él les pidiera que hicieran con obediencia. Y ellos le obedecieron. ¿Sabe usted qué significa eso? Cada vez que le pedimos algo a Jesucristo, debemos siempre tomarnos el tiempo para adorarlo y esperar en él. Calme su corazón angustiado y aparte sus pensamientos mundanos. Concentre su mente y su corazón en el trono y en Jesucristo, y él le hablará. Aun hoy día, a Dios le gustaría hablarle directamente a través de su Palabra, a través de la predicación de la Palabra, por medio de las circunstancias, y también por medio de la suave y apacible voz en su corazón. Dedique tiempo para entrar en la presencia del Espíritu Santo. Espere en él y en la Palabra de Dios. La sabiduría y la unción de Jesucristo le serán impartidas a su corazón a través de la Palabra de Dios, o a través de una prédica, o de sus circunstancias, o de la suave y apacible voz del Espíritu Santo en su alma.

En la fiesta de bodas, después de un pequeño rato de espera, Jesús les dio una orden. Les dijo: «Llenad estas tinajas de agua». Y ellos las llenaron hasta el borde. Entonces les dijo: «Sacad ahora, y llevadlo al maestresala». Ellos lo hicieron. Las palabras de Jesucristo traen el cambio. El agua se transformó en vino. El maestresala estaba sorprendido y dijo: «Todo hombre sirve primero el buen vino, y cuando ya han bebido mucho, entonces el inferior; mas tú has reservado el buen vino hasta ahora». No bien el maestresala probó el vino que había sido hecho con el agua, se llenó de alegría porque ese vino era el mejor que jamás había probado.

Las Palabras de Dios, cuando entran a su corazón, cambian su vida. La Palabra misma no solo cambiará su vida personal sino también su hogar, su negocio y cualquier otra cosa que necesite ser cambiada. Dios desea que usted prospere y tenga éxito. Él quiere que usted tenga un hogar feliz. Quiere que tenga una relación feliz con su esposa o con su esposo, y con sus hijos. Dios desea que tenga prosperidad en su negocio y en su trabajo. Quiere darle la victoria, cambie él o no sus circunstancias o su medio ambiente. Por lo tanto, ¿por qué no espera en el Señor Jesucristo y le deja que le hable a su corazón a través de su Palabra?

A través de mi propia experiencia en el ministerio he aprendido algo importante: nunca trate de ir adelante de Jesucristo. Siempre espere en el Señor hasta que él lo dirija por medio de su Palabra. Una vez que haya recibido su Palabra o su comando, entonces láncese por fe y lleve a cabo lo que él le ordene. Cuando yo era un ministro sin experiencia estaba siempre inquieto y nervioso. Cuando tenía algún proyecto pensaba que Jesucristo me bendeciría y me lanzaba a hacerlo para luego terminar en un terrible fracaso. Sin embargo, después de haber estado en el ministerio por más de veinte años he aprendido a no lanzarme por mi cuenta antes de recibir la Palabra de Jesucristo. Y en tantas ocasiones Cristo me ha hablado al corazón a través de la lectura de la Biblia, o mientras otra persona estaba ministrándome, o a través de diversas circunstancias, o cuando oré que el Espíritu Santo tocara mi corazón por medio de su suave y apacible voz y me hablara. Recién entonces avanzaba. Pero esas cosas ocurrían después que yo había invitado a Jesucristo y le había servido y agasajado. Es importante que recordemos ese orden.

El maestresala alabó a la pareja porque ellos estaban ahora sirviendo el buen vino. Él no sabía que el vino había sido hecho del agua por el poder de Jesucristo. El mundo ofrece primero aquellas cosas que parecen buenas o que nos hacen sentir bien, pero que luego se transforman en aguas amargas y manchan el alma y la vida. Sin embargo, Jesucristo nos da cosas buenas porque él es el Buen Pastor y nuestro Dios es un buen Dios.

Todo lo que usted recibe de la mano de Dios es bueno, tenga o no la apariencia de ser bueno o amargo o terrible o lleno de sufrimiento. Dios hace que todo obre para el bien de aquellos que creen en él. Romanos 8:28 dice con toda claridad: «Y sabemos que a los que aman a Dios, todas las cosas les ayudan a bien, esto es, a los que conforme a su propósito son llamados».

Sin Jesús esa pareja de recién casados hubiera fracasado al comienzo de su matrimonio, pero con la ayuda de Jesús lograron el éxito. Jesús también desea que usted tenga un hogar y un negocio exitosos. Usted puede tener la bendición de Dios. Ahora, permítame recordarle de nuevo algunos puntos.

Primero, usted debe tener la actitud correcta. Cuando tenga alguna dificultad y lo asalten los problemas, diga: «Sí, tengo problemas, pero eso es bueno». Tenga una actitud positiva y Dios colaborará con usted.

Segundo, antes que nada, usted debe primero invitar a Jesús a entrar en su corazón, su hogar, su negocio, su banquete, y luego servirle. Agasájelo y hágalo feliz, y luego podrá tener la confianza en su corazón como para acercarse a él con valentía y hablarle de su problema.

Tercero, no se apure. No esté inquieto o nervioso, sino calmo en su espíritu. Espere en el Señor Jesucristo y adórelo. Espere que la Palabra de Dios ilumine su corazón. Léala. Concurra a la iglesia, también ore y observe sus circunstancias. Dios le revelará su Palabra de varias maneras a su corazón, y cuando los mandatos de Cristo lleguen a su alma, póngase de pie y láncese sin temor porque usted tendrá la victoria en su nombre.

Cuarto, siempre recuerde que Dios es bueno. De la misma manera que le dio buen vino a esa pareja, él desea darle a usted cosas buenas, una buena vida y un buen hogar. Cuando usted crea esto y este pensamiento se convierta en su segunda naturaleza, entonces nunca va a esperar que algo malo ocurra en su vida. No importa cuáles sean las circunstancias que esté atravesando, siempre va a esperar que ocurran cosas buenas porque tiene un buen Dios. Usted esperará que él obre milagros en su vida. En la medida que usted crea, y piense, en esa misma medida Jesucristo le otorgará milagros. Esa ha sido siempre mi experiencia y fue la experiencia de esa pareja de recién casados. Y esa puede ser su experiencia también.

Jesucristo está en este momento parado frente a la puerta de su corazón. Él desea cambiar su corazón. Desea cambiar el agua en vino; lo que no tenía sabor en algo lleno de sabor; el fracaso en victoria; la pobreza en abundancia. Sí, Cristo desea cambiar su vida. Está listo para transformar su vida, su hogar, su negocio, y todo lo demás para bien. Dele su corazón al Señor Jesucristo. Ponga su problema en las manos de él. Adórelo. Sírvalo. Alábelo.

Capítulo 3

CINCO PASOS PARA UNA VIDA DE ÉXITO
Juan 6:1-13
cf. Mateo 14:13-20; Lucas 9:10-17

Es la voluntad de Dios que usted tenga una vida de éxito. Nuestro Dios es exitoso y para él no hay fracaso. De igual manera, no es para nada la voluntad de Dios que sus hijos hagan de su vida un fracaso y caigan en el desaliento. La Biblia dice en Juan 15:7-8:

> *Si permanecéis en mí, y mis palabras permanecen en vosotros, pedid todo lo que queréis, y os será hecho. En esto es glorificado mi Padre, en que llevéis mucho fruto, y seáis así mis discípulos.*

Y en Segunda Corintios 9:6-8 está escrito:

> *Pero esto digo: El que siembra escasamente, también segará escasamente; y el que siembra generosamente, generosamente también segará. Cada uno dé como propuso en su corazón: no con tristeza, ni por necesidad, porque Dios ama al dador alegre. Y poderoso es Dios para hacer que abunde en vosotros toda gracia, a fin de que, teniendo siempre*

en todas las cosas todo lo suficiente, abundéis para toda buena obra.

La voluntad de Dios para su vida es que usted tenga éxito. A continuación doy cinco pasos que le ayudarán a tener una vida exitosa.

Para comenzar esta nueva vida de éxito, usted debe estar motivado hacia una vida de éxito; luego trabajar duro para conseguirla. Jesucristo vino a sus discípulos y, llamando a Felipe, le preguntó: «¿De dónde compraremos pan para que coman estos?». (Jesús estaba probando a Felipe para ver si él ya sabía lo que Jesús haría). Después Felipe escuchó acerca de una tarea tan imposible que se sintió perdido en cuanto a lo que tenía que hacer. Así que reunió a todos sus hermanos y juntos trataron de pensar en alguna manera de alimentar a la gran multitud de gente que se encontraba allí reunida.

Uno de los discípulos vino a Jesucristo y le dijo: «Jesús, ¿no sabes que esto es un desierto? No podemos alimentar a cinco mil hombres y a miles de mujeres y de niños». Luego otro se acercó y dijo: «Jesús, ya pasó la hora de la cena así que no debiéramos tratar de alimentarlos. Sería una tontería hacerlo». Aun otro vino y dijo: «Jesús, costaría una fortuna de doscientos denarios darle aunque sea una pequeña porción a cada uno, y no tenemos esa cantidad de dinero. Es una tarea imposible». Otro discípulo dijo: «La mejor solución es enviar a la multitud al pueblo para que compren algo de comer». Todos los discípulos, en vez de tratar de obedecer la orden de Jesucristo, trataron de encontrar excusas, ya que no eran capaces de resolver esta situación imposible. Pero Jesús se puso muy serio y mirando a sus discípulos, les dio esta orden: «No es necesario. Denles ustedes de comer». Jesús había dado la orden y ellos no podían negarse a obedecerle.

¿Qué significaba ese mandato? Jesucristo quería que sus discípulos fueran hombres de visión. En ese momento ellos no tenían ninguna visión. ¡Estaban ciegos y no veían el poder milagroso de Jesús! Debemos aplicar ese mandato a nuestra vida hoy. Cuando Jesús les ordenó a los discípulos que alimentarán a la multitud, ellos no se dieron cuenta de que él podía proveer el alimento por medio de un milagro. Cuando Dios nos ordena que hagamos algo que parece imposible, debemos poner nuestra confianza en él y creer que él nos ayudará y realizará un milagro para que podamos llevar a cabo nuestra tarea.

Leemos en el Salmo 81:10: «Abre tu boca y yo la llenaré». Así que Dios quiere que usted abra su boca bien grande y espere y crea que recibirá algo de él. Usted debe tener grandes deseos de obtener buenos logros, sin los cuales nunca llegará a nada.

Hace dieciocho años, cuando recién comenzaba mi trabajo pionero, predicaba bajo una tienda muy primitiva y mal hecha y utilizábamos coma sillas unas esterillas colocadas sobre el piso. Había solo un puñado de gente, pero aun así, en mi corazón tenía una visión ardiente y un increíble deseo de alcanzar a muchas personas para Cristo. En mi alma veía y creía plenamente que algún día predicaría a miles de personas. Si en ese momento yo hubiera hablado acerca de mi visión, la gente hubiera dicho que estaba loco, pero yo lo creía en mi corazón. Ahora, después de dieciocho años, todos los detalles de mi visión se han cumplido. Hermanos y hermanas, Dios quiere hacer que su vida sea un éxito. Y también desea que usted sea victorioso en su vida a medida que lucha por el éxito. Así que, el primer paso para tener una vida exitosa es estar motivado hacia el éxito y tener el deseo de trabajar para conseguirlo.

En segundo lugar, a pesar de que usted tiene un gran propósito, una fuerza objetiva que lo motiva, debiera comenzar con cosas pequeñas para luego avanzar hacia cosas más grandes. No abandone la lucha y diga que es imposible porque, cuando Cristo nos ordena algo, él nos ordena solo lo que es posible hacer a través de él. Jesús nunca le va a pedir que haga algo que sea imposible de hacer. No piense en tener doscientos denarios, lo cual era el equivalente a doscientos días de salario de un trabajador común. Comience con los cinco panes y los dos peces.

El problema de la juventud actual es que, tan pronto como se gradúan de la universidad, quieren comenzar con grandes cosas y ganar de inmediato una fortuna. Jesús les enseñó a sus discípulos a comenzar desde cero. No era asunto de ellos cuán pequeña era la cosa. A menudo, los graduados del instituto bíblico se acercan a mí y se quejan, diciendo: «¿Por qué no podemos comenzar con cosas grandes?». Ellos van y piden dinero prestado aquí y allá, y compran un terreno a crédito y construyen un maravilloso santuario. Luego caen en una tremenda deuda. Están preocupados por sus deudas y hasta comienzan a creer que Dios les ha fallado. Dios no les ha fallado. Él no quiere que comiencen con cosas grandes.

Cristo les pidió a los discípulos que alimentaran a la multitud con lo que tuvieran: cinco panes y dos peces. Él les pidió que comenzaran con las cosas muy pequeñas, pero esas cosas pequeñas, cuando Cristo las bendice, se multiplican y se convierten en más que suficientes. No tenga temor de comenzar con cosas pequeñas. Use lo que tiene y no se preocupe de lo que no tiene. Si comienza a usar las cosas que tiene para la gloria de Dios, entonces Cristo las bendecirá y esas cosas pequeñas se multiplicarán.

El tercer paso es recibir una bendición en aquellas cosas que ya posee. Debe tener la actitud de corazón correcta. Debe buscar las bendiciones del Señor. Santiago 4:1-3 dice:

¿De dónde vienen las guerras y los pleitos entre vosotros? ¿No es de vuestras pasiones, las cuales

combaten en vuestros miembros? Codiciáis, y no tenéis; matáis y ardéis de envidia, y no podéis alcanzar; combatís y lucháis, pero no tenéis lo que deseáis, porque no pedís. Pedís, y no recibís, porque pedís mal, para gastar en vuestros deleites

¿Qué es la codicia? Cualquier cosa que usted desee consumir para beneficio propio se convierte en codicia. Pero todo lo que utilice para la gloria de Dios y para la obra de Dios, le traerá honra a él. Tome la decisión de demostrar el amor y el poder de Jesucristo en su vida y no vivirá con codicia. Cuando usted busca la gloria de Dios y su propósito, Dios lo bendecirá. Ponga lo que usted tenga, aun cuando sea algo tan pequeño como los cinco panes y los dos peces del almuerzo de un muchacho, en las manos de Jesucristo. No acapare las cosas, porque si así lo hace, Cristo no podrá bendecirlo. Una vez que usted coloca lo que tiene en las manos de Jesucristo, recuerde que él lo bendecirá y lo multiplicará tal como lo hizo cuando Andrés trajo los cinco panes y los dos peces y los puso en las manos de Jesucristo en vez de quedarse con ellos. No tenga temor de comenzar con cosas pequeñas. Ya que cuando pone esas cosas en las manos de Jesucristo y se las dedica a él, entonces Cristo, quien tiene el poder del cielo y la tierra, las multiplicará y las utilizará para la gloria de Dios.

Una vez que usted recibe una bendición de Jesucristo, el cuarto paso es actuar. La fe sin acción es una fe muerta. Debe actuar cuando recibe una bendición. Las cosas que los hombres pueden hacer, esas cosas deben hacerlas; las cosas que usted puede hacer, debe hacerlas. No debe esperar hasta que Dios lo fuerce a hacer algo. Por ejemplo, cuando llegó el momento de distribuir el pan y los pescados, Cristo los bendijo pero la distribución fue llevada a cabo por los discípulos.

No importa lo que haga, siempre debe pensar primero en la felicidad de los demás. Antes que los discípulos disfrutaran del pan y los pescados, ellos alimentaron a la multitud. A menudo, los que tienen un negocio, en vez de tratar de servir a otros, solo lo usan para hacer dinero. Con esa actitud, Dios nunca los bendecirá, ya sean vendedores minoristas, mayoristas, o un oficial del gobierno. Su actitud a través de la vida debería ser servir a los demás. Entonces recibirá los beneficios de Dios. Cuando viene al Señor no solo debiera pedirle bendiciones, sino que debiera buscar oportunidades para servir a Dios y a la iglesia, a sus hermanos y hermanas. Entonces Dios lo colmará de bendiciones.

Cuando obedece una orden de Dios, crea y confíe con una fe firme que Dios hará un milagro. Los discípulos de Jesús tenían solo migajas para darle a la multitud, pero esperaron un milagro y tuvieron la suficiente valentía como para ir y comenzar a darle la comida que tenían a la gente. Cuando recibe bendiciones de Dios en las cosas que usted tiene, se siembra la semilla del milagro; y cuando usted actúa por fe, esas cosas se multiplican. Nunca deje de esperar que recibirá abundantemente del Señor, porque la Biblia dice que «ellos comieron hasta que se llenaron». Dios quiere que usted tenga una vida abundante. Él no quiere que viva en la pobreza y que sea una carga para el gobierno, la sociedad, la iglesia o los hermanos y hermanas. Dios quiere que tenga algo que darles a los demás en vez de tener que estar siempre pidiendo.

De modo que, tenga lo que tenga, póngalo en las manos de Jesucristo. Pase un día de cada siete sirviendo. Dé sus diezmos al Señor, lo cual es una décima parte de sus ingresos. Trabaje para el Señor; sírvalo primero y entonces recibirá las bendiciones de Jesucristo, y el milagro de la multiplicación tendrá lugar en su vida.

Paso número cinco: nunca desperdicie nada. Cristo les ordenó recoger todo lo que había sobrado. Algunas veces me pregunto en mi corazón: «¿Por qué Cristo les ordenó recoger todo lo que había sobrado? Él es Dios, y es abundante, así que ¿por qué les tiene que pedir a sus discípulos que recojan todo lo que había caído sobre el césped?». Es un pecado desperdiciar los recursos que Dios nos ha dado. Si usted vive una vida en la cual desperdicia sus riquezas, pronto llorará en su pobreza. Dios suplirá sus necesidades, pero no le dejará desperdiciar los recursos que son de él. Todas las cosas deben ser recibidas con un corazón agradecido y deben ser utilizadas para la gloria de Dios. Nunca se debe desperdiciar nada.

Como conclusión, hemos visto que, a través de esta experiencia, Jesucristo les enseñó a sus discípulos los cinco pasos para una vida abundante y de éxito. Abramos nuestro corazón y extendamos nuestra vida delante de nuestro Señor Jesucristo y dejemos que él haga un diagnóstico de ella. Hagamos que este año sea rico y de mucho fruto de modo que podamos tener cosas para darle a Dios y para compartir con nuestros vecinos para la gloria de Jesucristo.

Recuerde estos cinco pasos que harán que su vida sea todo un éxito: (1) tenga una motivación apropiada: esté motivado hacia el éxito y tenga el deseo de trabajar para conseguirlo; (2) no tenga temor de comenzar con cosas pequeñas; (3) tenga una actitud correcta en su corazón; (4) actúe de acuerdo con su fe; (5) no desperdicie nada.

Capítulo 4

TODA LA ARMADURA DE DIOS
Efesios 6:10-18

No hay batalla para el que está en el sepulcro porque ya está muerto. De la misma forma en que no hay batalla para los muertos físicamente, no hay batalla espiritual para los muertos espirituales que están en el sepulcro del pecado y la iniquidad. La Biblia dice que los incrédulos están muertos en sus delitos y pecados (Efesios 2:1). Sin embargo, cuando el que está muerto espiritualmente escucha el evangelio y recibe convicción de pecado por medio del Espíritu Santo y acepta a Jesucristo como su Salvador personal, entonces recibe vida y de inmediato se despierta espiritualmente.

Efesios 2:5 habla sobre esa experiencia de la siguiente manera: «Aun estando nosotros muertos en pecados, nos dio vida juntamente con Cristo (por gracia sois salvos)». Tan pronto como alguien se despierta espiritualmente, no solo percibe la realidad de Dios, sino que también está consciente del maligno que viene a robar, matar y destruir.

El diablo utiliza toda clase de astutas estratagemas para entorpecer o bloquear el camino hacia el cielo del hijo de Dios espiritualmente despierto. Por esta razón debemos ponernos toda la armadura de Dios. La Biblia nos describe toda la armadura de Dios en Efesios 6:10-18.

En primer lugar, la Biblia habla sobre tener los lomos ceñidos con la verdad. Los lomos son la fuente de la fortaleza, y si nos lastimamos esa parte de nuestro cuerpo, no tenemos la fuerza suficiente para levantar o llevar nada. Nuestra espalda y nuestra columna vertebral son espiritualmente la fe en Jesucristo quien es la verdad. Dado que la Biblia nos instruye a que tengamos nuestros lomos ceñidos con la verdad, debemos ceñir nuestros lomos espirituales con Jesucristo nuestro Salvador, la vida y la verdad. Solo Jesucristo es la verdad, y cuando nos ceñimos con él, entonces, y solo entonces, nadie podrá movernos o conquistarnos.

En segundo lugar, la Escritura habla de estar vestidos con la coraza de justicia. El soldado en la batalla se pone una coraza antibalas. La coraza en la Biblia representa la conciencia del cristiano. Cuando nuestra conciencia sufre a causa de la condena del pecado, esa conciencia está vulnerable al filo de la espada acusadora del diablo. Una vez que su corazón ha sido acusado por el diablo, usted pierde su poder y su fuerza para predicar a Jesucristo a las personas. No solo eso, no tiene poder con Dios en su vida de oración. De modo que debemos ponernos la coraza de justicia. La coraza de justicia es nuestra fe inquebrantable y firme en la sangre de Jesucristo.

Romanos 5:9 nos asegura: «Pues mucho más, estando ya justificados en su sangre, por él seremos salvos de la ira». La espada acusadora del diablo se partirá en mil pedazos cuando golpee contra la coraza de justicia adquirida por medio de la sangre de Jesucristo. Sin embargo, si usted no aplica la sangre a su conciencia, estará indefenso frente a las acusaciones de Satanás.

Muchos cristianos han estado viniendo a la iglesia año tras año pero todavía están padeciendo sentimientos de condena porque no ejercitan su fe en la sangre de Jesucristo. La sangre de Jesucristo no solo quita nuestros pecados sino que también hace que nuestro corazón sea justo delante de Dios. Justicia significa que usted no siente condenación alguna cuando se acerca y está de pie frente al trono de Dios. También significa que no necesita nunca recibir acusación alguna de parte de Satanás. Una vez que ha sido aplicada a su conciencia, la sangre de Cristo trae justicia y rectitud.

En tercer lugar, la Biblia habla acerca de nuestros pies calzados con la preparación del evangelio de la paz. Si camina descalzo a través de un terreno de zarzas o por un sendero de gravilla, seguro que sentirá mucho dolor y con el tiempo sus pies estarán muy lastimados. La vida sin Jesucristo es semejante a eso. El diablo le apunta justo a aquel punto donde usted siente desasosiego y dolor, y su vida es herida por diversas experiencias. Satanás vendrá y lo arrastrará a las profundidades de la depresión.

Por lo tanto, debemos estar siempre seguros de que tenemos puestos los zapatos del evangelio de la paz, los cuales Dios ya ha preparado para nosotros hace dos mil años.

¿Qué es la preparación para el evangelio de la paz? En nuestra Biblia, Dios, en su eterno amor y misericordia, preparó unas treinta y dos mil quinientas promesas en las cuales podemos apoyarnos con firmeza. Una vez que usted pone su fe en Cristo y en las promesas de Dios, y sus pies se encuentran calzados con la preparación del evangelio de la paz, puede vivir una vida cristiana victoriosa llena de paz y seguridad en lo más profundo de su alma. Si se pone los zapatos de las promesas de Dios preparadas para usted en la Biblia, y vive esa vida llena de promesas, gozará de una enorme seguridad y victoria.

Nuestro Padre celestial ha preparado todas las cosas para sus hijos amados. La Biblia lo llama Jehová-jireh, que significa: «El Dios que provee». Muchas personas viven una vida llena de dolor. Sangran a causa de diversas experiencias, porque no se han puesto los zapatos que Dios les ha preparado para que puedan atravesar los terrenos espinosos de esta vida. Tenemos las promesas de Dios, las cuales son sí y amén para el que pone su fe en el Señor Jesucristo y obedece los mandamientos de Dios.

En cuarto lugar, la Biblia nos habla por sobre todas las cosas de que debemos tomar el escudo de la fe. El diablo lanza sus dardos encendidos a través de nuestros cinco sentidos, nuestro razonamiento y nuestras experiencias, causando inquietud, temor y dudas. Debemos estar firmes en la Palabra de Dios declarándola contra el diablo. La declaración de fe en la Palabra de Dios, sean cuales sean nuestros sentimientos, razones o experiencias, es nuestro escudo.

A través de la Palabra de Dios, y solo a través de ella, usted podrá conquistar al diablo. Si trata de apoyarse en sus propios sentimientos, o razonamientos, de inmediato el diablo manipulará sus sentimientos, sus razonamientos y aun su experiencia, arrastrándolo del lugar donde puso su fe en la Palabra de Dios a un lugar donde reinan el desánimo y el abatimiento. El diablo hace todo lo que puede para crear muchos sentimientos y experiencias; sin embargo, no se regocije en sus experiencias sino esté firme en la Palabra de Dios. Si usted está cimentado, sin que nadie lo pueda mover, en la Palabra de Dios, entonces esa Palabra, por el poder del Espíritu Santo, le traerá la verdadera experiencia: la realidad del amor de Dios y el poder de Dios de realizar milagros en su vida.

En quinto lugar, la Biblia habla acerca de tomar el yelmo de la salvación. ¿Qué es el yelmo de la salvación? El yelmo del soldado es la parte de su equipo que protege su cabeza. Con el yelmo de la salvación debemos proteger nuestros pensamientos de los ataques de los pensamientos negativos, cargados de maldiciones, de Satanás. Hemos sido liberados de esa maldición, no solo espiritualmente, sino que en todo nuestro ser. De modo que no le permita al diablo que se atreva a tocar su mente, renovada con las enseñanzas de la liberación.

La Biblia nos dice, con toda claridad, cuáles son los deseos de Dios concernientes a nuestra vida diaria. Los encontramos en la tercera epístola de Juan, versículo 2: «Amado, yo deseo que tú seas prosperado en todas las cosas, y que tengas salud, así como prospera tu alma». Dios quiere que usted sea próspero tanto en la vida espiritual como en la salud física. Cuando usted prospera en su vida cristiana espiritual, Dios también quiere que disfrute prosperidad en sus negocios cotidianos y en su vida. Nunca acepte su antigua manera de pensar, ese pensamiento de derrota cargado de maldición. Tome el yelmo de la salvación y renueve sus pensamientos. Reeduque su mente con la Palabra de Dios la cual trae liberación.

En sexto lugar, la Biblia habla de la espada del Espíritu, la cual es la Palabra de Dios. La espada es para atacar, y conquistamos a las personas y al mundo con la Palabra eterna de Dios. Las artimañas del diablo son siempre expuestas por la Palabra de Dios. Nunca trate de reñir con el diablo porque él es más astuto que usted. Sin embargo, cuando usted toma la Palabra de Dios, la espada del Espíritu, y ataca a Satanás con ella, entonces todos los aspectos malignos del diablo se ven expuestos. Las tretas de Satanás no pueden permanecer frente a la Palabra de Dios; por esa razón Jesucristo siempre usó la espada del Espíritu Santo en sus ataques contra Satanás. Todas las veces citó la Palabra de Dios: «Como está escrito». Cuando pronunció esas palabras, el diablo huyó. Satanás no puede nunca mantenerse firme frente a la espada del Espíritu, la Palabra de Dios.

La batalla contra las fuerzas del mal no nos pertenece porque Cristo ya derrotó a esas fuerzas hace dos mil años en la cruz del Calvario. Colosenses 2:15 nos dice: «Y despojando a los principados y a las potestades, los exhibió públicamente, triunfando sobre ellos en la cruz». De modo que, en realidad, a través de nuestro pecado Satanás nos toma y nos sujeta, pero Cristo nos ha redimido a cada uno de nosotros. Por medio del derramamiento de su sangre en la cruz, Cristo nos ha liberado de la esclavitud de Satanás y nos limpia de todo pecado e iniquidad cuando nosotros, por fe, venimos a la cruz. Dado que Jesucristo ha quitado todos nuestros pecados, el diablo ha perdido el poder de llevarnos cautivos.

El arma más poderosa que tiene el diablo es la muerte, pero Cristo la destrozó mediante su muerte y resurrección. Legalmente el diablo no tiene poder o autoridad para esclavizarnos. Por lo tanto, el diablo se acerca a nosotros como un enemigo derrotado, pero al utilizar sus artimañas, trata de apoderarse de las personas. Debemos echar fuera al diablo por medio del uso de toda la armadura de Dios.

Como en una guerrilla, el diablo derrotado trata, a través de sus muchas artimañas, de tomar a las personas por sorpresa. Esa es la razón por la cual todo cristiano debe vestir la armadura completa de Dios y estar siempre listo para enfrentarse a Satanás. La Biblia no nos manda a que luchemos contra el diablo, sino que nos ordena que estemos parados firmes en contra de él. No debemos tratar de pelear, porque la batalla ya ha sido ganada por Jesucristo. El diablo ya está derrotado, y cuando trata de engañarnos, nos sentiremos desafiados a pelear contra él de nuevo. Esta es una de las tretas de Satanás. La Biblia nos dice que estemos firmes, no que avancemos, porque por medio de Jesucristo ya hemos alcanzado la victoria. De modo que debemos permanecer de pie y persistir en esa victoria.

En el nombre de Jesús, Satanás será expuesto y destruido. Ni la teología liberal, ni nuestro conocimiento, ni la filosofía nos darán poder para resistir a Satanás. Solo a través de nuestra fe en el Señor Jesucristo podemos resistir al enemigo derrotado.

La Biblia nos ordena que oremos con toda oración y súplica. Los primeros cristianos oraban y ayunaban a menudo, pero los cristianos modernos tienden a ser perezosos. Para tener la victoria sobre Satanás debemos ejercitarnos en toda oración y súplica y ayunar a menudo. El ayuno nos fortalece espiritualmente y derrota a Satanás. Por lo tanto, no debemos nunca perder el arte de ayunar, y debiéramos animarnos los unos a los otros a ayunar para poder tener más victoria y liberación en nuestra vida.

Debemos siempre edificar nuestra fe basándonos en la Palabra de Dios. Ella es el fundamento de nuestra fe. La Palabra de Dios siempre produce fe. La Biblia dice que la fe viene por el oír, y el oír, por la Palabra de Dios; así que no debemos nunca descuidar la lectura de la Palabra de Dios. Debemos por todos los medios tratar de memorizar las promesas de Dios para poderlas citar con toda libertad y en todo momento.

Para concluir, quiero animarlo a que esté siempre atento y que no deje de ponerse las seis piezas del equipo que constituyen la armadura completa de Dios. Tampoco le muestre al diablo ninguna de sus debilidades. Busque la forma de rescatar a aquellos que aún están en las garras del pecado y enterrados en tumbas espirituales bajo el poder de Satanás. Con toda la armadura que Dios ha provisto para usted, no hay razón por la cual deba vivir una vida de derrota. Una vida derrotada nunca le trae gloria al Señor Jesucristo. Nuestro Padre ha provisto todas las piezas de esta armadura mediante el Calvario hace dos mil años. Si queremos vivir una vida cristiana victoriosa, debemos ponernos cada pieza de la armadura de Dios, de la cabeza a los pies. Tendremos así victoria en nuestra vida y podremos liberar a otras personas que estén bajo el cautiverio de Satanás.

Capítulo 5

BENDICIONES ACTUALES DE LA PASCUA
Éxodo 12:1-4

Descendía la noche rápidamente sobre la tierra de Gosén en Egipto cuando de repente, de cada casa de los israelitas, se escucharon sonidos de balidos de ovejas moribundas. En cada casa apareció un hombre llevando una vasija con la sangre del cordero. Con una rama de hisopo, aplicaba la sangre a los postes y al dintel de la puerta. Al poco tiempo, toda la comunidad israelita se había convertido en una comunidad de sangre.

Cuando cayó la noche, todos los miembros de la familia de cada hogar se reunieron, ya preparados con todos los elementos para emprender un viaje, y comenzaron a comer el cordero asado. Lo comieron todo, desde la cabeza hasta las patas; aun los intestinos.

Esa misma noche, hubo gran alboroto en los hogares egipcios, y se escucharon gritos por toda la tierra cuando el primogénito de cada hogar murió, desde la casa de Faraón hasta las casas de los siervos más pobres. Cada hogar egipcio se convirtió en un hogar enlutado.

Terriblemente angustiado, Faraón, el rey de Egipto, buscó a Moisés y le ordenó que tomara a todos los israelitas y se fueran de Egipto de inmediato. Los israelitas se juntaron y salieron hacia Canaán, la tierra que Dios le había prometido a su padre

Abraham más de cuatrocientos treinta años atrás. Cuando salieron de Egipto, una gran columna de nubes apareció ante ellos, y esa columna se convertía, todas las noches, en una columna de fuego que los guiaba a través del desierto.

Este relato acerca de lo que ocurrió cuando los israelitas salieron de la tierra de Egipto, es un ejemplo que simboliza a los cristianos que han dejado el mundo de pecado y están marchando hacia el reino de los cielos. A través de esta historia del éxodo de los hijos de Israel, como cristianos podemos aprender a vivir de manera exitosa, al aprender cómo Dios proveyó para los israelitas y cómo se encargó de ellos. Sus experiencias son símbolo de nuestras experiencias cristianas actuales.

Primero, examinemos el significado de aplicar la sangre del cordero a los postes de las puertas y al dintel. El cordero en Éxodo es un ejemplo de nuestro Señor Jesucristo. Cuando recibimos la sangre de Cristo por fe y la aplicamos a los postes de la puerta de nuestro corazón, somos liberados del poder de la muerte y de Satanás, porque la sangre de Jesucristo nos redime de todo pecado. La Biblia dice que todos hemos pecado y estamos destituidos de la gloria de Dios. Por lo tanto, cuando creemos y aplicamos la sangre de Jesucristo, somos limpiados de todos nuestros pecados e iniquidades. De modo que, a los ojos de Dios, es como que nunca hubiéramos cometido pecado alguno. La sangre de Jesucristo nos limpia de toda mancha de pecado y es un refugio del juicio venidero de Dios. El terrible juicio de Dios vendrá sobre la humanidad cuando Jesucristo vuelva a este mundo, y, además de eso, todo aquel que muere, sin conocer a Jesucristo, está llamado a presentarse ante el trono de juicio de Dios.

Cierta vez, tres cazadores fueron a las montañas para cazar, pero se inició un incendio forestal que comenzó a quemarlo todo en los campos y las montañas. Esos tres cazadores no sabían qué hacer, así que uno de ellos corrió y se subió a un árbol. El segundo tenía confianza en sus pies y comenzó a correr. El último cazador quedó solo y trató de pensar cómo salvar su vida. Como un rayo de luz, le vino una idea. Tomó un fósforo y comenzó a encender una fogata allí mismo donde él se encontraba; cuando el fuego comenzó a arder, saltó al medio del terreno que se había quemado y permaneció allí mientras el fuego continuaba ardiendo, pero en direcciones opuestas a donde él estaba. Cuando el fuego forestal alcanzó el lugar donde se encontraba el hombre subido al árbol, las llamas envolvieron el árbol y lo quemaron por completo. El fuego pronto alcanzó al hombre que corría y también lo quemó vivo. El tercer cazador se salvó porque permaneció seguro en la tierra que ya se había quemado.

Esto se asemeja a nuestra salvación eterna. Para salvar su vida eternamente, algunos hacen árboles y se suben a ellos. Son árboles de filosofías humanas y religión; pero ninguna filosofía o religión es lo suficiente segura como para salvarnos. Otros corren, pensando que esa carrera es la salvaguarda de su vida. No obstante, serán alcanzados por la muerte y el juicio. Hay un lugar, sin embargo, semejante a la tierra que fue quemada con anterioridad para proteger al tercer cazador, donde el juicio ya ha tenido lugar porque Jesucristo murió por nosotros en la cruz del Calvario. El juicio de Dios vino sobre él y el Hijo unigénito de Dios sufrió el castigo de la cruz del Calvario, y por sufrirlo él, quitó todos nuestros pecados e iniquidades. El juicio de Dios nos pasa por alto a través del sufrimiento de Cristo, y cuando ponemos nuestra vida en sus manos estamos en el lugar donde el juicio de Dios ya pasó. Si no vamos y nos refugiamos en los brazos de Cristo, no hay lugar alguno donde podamos encontrar protección del juicio venidero de nuestro Padre celestial.

La sangre de Jesucristo es asimismo una liberación segura de las ataduras de Satanás. Satanás mantiene a las personas sometidas a él por medio del pecado, pero una vez que son perdonadas y reciben la justicia de Cristo como un don del Padre celestial, entonces Satanás no tiene ningún derecho ni excusa para someterlas a su esclavitud. Cuando nos convertimos en cristianos y aprendemos esto, podemos romper las cadenas de Satanás y liberarnos de las ataduras del pecado y del diablo. Esta es la razón por la cual debemos aplicar la sangre de Jesucristo a los postes de la puerta de nuestro corazón, y mantener constantemente la sangre de Jesucristo sobre nuestro corazón para impedir que Satanás venga y toque nuestra vida. Desde la mañana hasta la noche, ponga su confianza y su fe en esa sangre porque es la única protección segura del juicio venidero de Dios, así como de los ataques de Satanás.

En segundo lugar, los israelitas comieron la carne del cordero. El cordero fue asado y comido con hierbas amargas y pan sin levadura. Esto simbolizó los sufrimientos de Cristo: dolor ardiente y pruebas amargas. Eso es exactamente lo que Jesucristo hizo hace dos mil años. Caminó hacia el Gólgota y fue clavado a la cruz. Allí sufrió durante seis horas, un dolor indecible y pruebas amargas. Con sumo dolor, gritó: «Elí, Elí, ¿lama sabactani?», lo cual significa: «Dios mío, Dios mío, ¿por qué me has desamparado?». Él sufrió el dolor más extremo, y cuando los israelitas comieron el cordero pascual con hierbas amargas y pan sin levadura, representaron ese sufrimiento.

Hoy, cuando nosotros nos damos cuenta de cuánto sufrió Cristo por nuestra liberación, tendríamos que llorar y, con amargura de corazón, arrepentirnos de nuestros pecados, para poder llegar a ser como pan sin levadura. Este pan sin levadura significa que debiéramos limpiar nuestra vida, confesar nuestros pecados, andar sin pecado, venir a Jesucristo y ser participes de su carne.

¿Cómo podemos comer la carne de Cristo? Jesucristo dijo en el Evangelio de Juan que para tener vida, debemos comer su carne y beber su sangre. Muchos judíos, después de escuchar este sermón, no siguieron más Cristo porque no podían aceptar esa clase de enseñanza. Sin embargo, la Biblia nos dice en Juan 1:14: «Y aquel Verbo fue hecho carne, y habitó entre nosotros (y vimos su gloria, gloria como del unigénito del Padre), lleno de gracia y de verdad». De modo que ahora mismo, la Palabra de Dios, desde Génesis hasta Apocalipsis, es la carne de nuestro Señor Jesucristo. Jesús fue esa Palabra hecha carne. Por lo tanto, la Palabra escrita es la carne de Cristo y debiéramos darnos un festín con la Palabra escrita de Cristo.

La Biblia dice en Juan 6:51: «Yo soy el pan vivo que descendió del cielo; si alguno comiere de este pan, vivirá para siempre; y el pan que yo daré es mi carne, la cual yo daré por la vida del mundo». Así que, como ve usted, Jesucristo da su carne, esto es, la Palabra de Dios. Los israelitas recibieron la orden de comer toda la carne asada del cordero para poder tener la fuerza necesaria para atravesar por la prueba del desierto. Y para que nosotros podamos tener la fortaleza necesaria para pasar a través del desierto de este mundo con éxito y victoria, debemos comer regularmente toda la Palabra de Dios. Así como los israelitas nunca podrían haber tenido la fuerza para cruzar el desierto de manera victoriosa sin comer la carne del cordero asado, de la misma manera no hay victoria para el cristiano que no se alimenta regularmente con la Palabra de Dios.

¿Por qué es necesario leer de manera continua la Palabra de Dios? Porque la Palabra de Dios nos purifica. La Biblia dice en Juan 15:3-4:

Ya vosotros estáis limpios por la palabra que os he hablado. Permaneced en mí, y yo en vosotros. Como el pámpano no puede llevar fruto por sí mismo, si no permanece en la vid, así tampoco vosotros, si no permanecéis en mí.

Si no recibe la purificación constante de nuestro Señor Jesucristo, usted pierde su poder y el derecho de permanecer en él. Para poder permanecer en Cristo, debemos limpiar nuestra vida de manera constante, y para limpiar nuestra vida debemos leer la Palabra de Dios de forma regular. La Palabra penetra en nuestro corazón, nos muestra nuestra verdadera situación, y cuando confesamos nuestros pecados, somos purificados otra vez por la sangre.

La Palabra también sana. La Biblia nos dice en el Salmo 107:20: «Envió su palabra, y los sanó, y los libró de su ruina». Muchas personas enfermas en los hospitales y en sus hogares me piden que vaya y les imponga las manos y los sane. No obstante, si ellos no aceptan la Palabra de Dios, yo no voy porque no soy yo el que sana, es la Palabra de Dios que se habla a través de mi boca. La sanidad viene por la Palabra de Dios y nosotros estamos predicando la palabra de sanidad. No somos sanadores. La Palabra de Dios y el poder del Espíritu son los que llevan a cabo la sanidad. Si constantemente nos alimentarnos y meditamos en la Palabra de Dios, ella viene y sana nuestra vida física y espiritual, así como resuelve los problemas en nuestro hogar, en nuestro negocio y en nuestra vida. Lea la Palabra y mantenga la sanidad en su espíritu, alma y cuerpo, y además en su hogar y su vida diaria.

La Palabra también nos da sabiduría y juicio. En el Salmo 119:105 leemos: «Lámpara es a mis pies tu palabra, y lumbrera a mi camino». Cuando atravesamos la vida en este mundo, a menudo nos sentimos cegados o como si estuviéramos bloqueados en un callejón sin salida. Recibimos luz y sabiduría por medio de la lectura de la Palabra de Dios. Si con regularidad lee y medita en la Palabra, entonces el Espíritu Santo le revelará el significado profundo de la Palabra de Dios y le impartirá la sabiduría y la luz de Dios a su corazón. Esto lo capacitará para que juzgue de una manera correcta y tenga la sabiduría apropiada para poder vivir con éxito en esta vida.

La Palabra de Dios nos da alimento espiritual y nos nutre para que podamos crecer en Cristo. Ningún padre quiere que sus hijos no crezcan y permanezcan pequeños. Dios desea que usted continúe creciendo en gracia y que se convierta en un gigante espiritual en Cristo.

En Primera Pedro 2:2 leemos: «Desead, como niños recién nacidos, la leche espiritual no adulterada, para que por ella crezcáis». De modo que, si deseamos la leche no adulterada de la Palabra y comemos la Palabra de Dios, esta se convierte en alimento para nuestra alma, y crecemos espiritualmente y nos fortalecemos en el Señor Jesucristo.

Así como se les ordenó a los israelitas que comieran toda la carne del cordero desde la cabeza hasta las patas, Dios nos llama a comer toda la carne de nuestro Señor Jesucristo, esto es, toda la Palabra escrita de Dios, desde Génesis hasta Apocalipsis. Si podemos digerir la Palabra de Dios, creceremos espiritualmente fuertes y poderosos. Yo predico el evangelio pleno, el evangelio completo.

En tercer lugar, cuando los israelitas salieron de Egipto, de inmediato apareció una columna de nubes frente a ellos. Durante el día, la columna era como una nube, pero en la noche, esa nube se transformaba en una columna de fuego. Esta columna guió a los israelitas a través del desierto hasta que llegaron a Canaán. Cuando salimos del mundo del pecado, Dios nos da una columna de nubes y de fuego; es el Espíritu Santo que habita en nuestro corazón. El Espíritu Santo nos guía todo el día a través del desierto de este mundo hasta que alcancemos la Canaán celestial y estemos en la eterna presencia de Dios.

El sol quemaba mientras los israelitas atravesaban el desierto, pero la columna de nubes era una sombra de protección que los cubría del sol ardiente y los refrescaba. Cuando nosotros atravesamos el desierto ardiente, habrá pruebas, tribulaciones, problemas angustiantes en nuestro corazón y en nuestra vida, pero el Espíritu Santo será nuestro consuelo y una fuente de gozo y de paz. Sin esta sombra de protección del Espíritu Santo contra el sol ardiente de este mundo, no podemos vivir esta vida con éxito.

La columna de fuego era además una protección en contra de cualquier enemigo que viniera a atacar a los israelitas en medio de la noche. Si ese enemigo era otra nación o bestias salvajes que habitaban en el desierto, la columna de fuego les daba luz a los israelitas, y nadie podía penetrar en el campamento sin ser descubierto. El fuego del Espíritu Santo que mora en nuestro corazón mantiene alejados a todos los espíritus diabólicos, nos protege de los ataques de Satanás y nos lleva a morar junto a nuestro Padre celestial. Es por eso que debemos tener continua comunión con el Espíritu Santo a través de la oración. Cuando atravesamos este mundo que es un desierto, el Espíritu Santo es el miembro de la Santísima Trinidad que permanece con nosotros, ruega a través nuestro, nos ayuda, nos guía, nos enseña y nos conforta. Nunca se olvide de reconocer al Espíritu Santo y a depender de él. Deléitelo constantemente, alabe su presencia, dele gracias, así él puede guiarlo siempre y darle fortaleza.

Para concluir, déjeme resumir. Cuando usted acepta a Jesucristo como su Salvador personal, debe conocer la provisión triple de Dios para que pueda tener una vida cristiana victoriosa. Si alguna vez le falta una de estas tres bendiciones, tendrá dificultades en su vida cristiana. La sangre, la carne del cordero y la columna del Espíritu Santo son partes intrincadas del evangelio cristiano. Y cuando usted conoce la verdad y pone su fe en esas tres provisiones de Dios, tiene entonces una vida cristiana poderosa, victoriosa, mientras atraviesa el desierto de este mundo.

Capítulo 6

MINISTRE AL SEÑOR
Ezequiel 44:15-18

Un sábado por la tarde, un pastor se encontraba en su oficina, muy preocupado porque no podía encontrar un tema para el sermón del domingo. Mientras trataba de pensar en una idea para su sermón, su hijo más pequeño entró a la oficina y comenzó a hacerle preguntas, lo cual empeoró aun más las cosas.

De forma abrupta, el pastor tomó una revista y comenzó a hojearla; luego arrancó una de sus páginas, donde se encontraba un mapa del mundo y lo cortó en pequeños trocitos con unas tijeras. Después le dijo a su hijo: «Hijo, toma estas partes del mapa del mundo, llévalas a la otra habitación, ordénalas hasta que se conviertan de nuevo en un mapa, luego me lo traes y te daré un premio».

El pastor estaba seguro de que a su hijo le llevaría varias horas armar todas las piezas del mapa. Sin embargo, para su asombro, en solo unos minutos el niño volvió con el mapa completamente reconstruido. Sorprendido, su padre le preguntó: «¿Cómo pudiste completar el mapa tan rápido?». El niño respondió: «Papá, observa la parte de atrás del mapa y verás que tiene la foto de un hombre. Así que no traté de reconstruir el mundo, sencillamente reajusté la figura del hombre, y entonces cuando terminé de completar al hombre, hubo también un mapa completo del mundo».

Al escuchar las palabras de su hijo, de inmediato el pastor recibió una inspiración tremenda y dijo en voz alta: «¡Claro! Eso es! El hombre completo forma el mundo perfecto». Este episodio inspiró al pastor para su sermón del domingo. Sí, solo un hombre cambiado logra que el mundo cambie.

¿Qué clase de cambio debe experimentar el hombre? La Biblia nos enseña los secretos. Como seres humanos hemos nacido con dos misiones. En primer lugar, servir al Señor; en segundo lugar, servir a las personas y al mundo. La Biblia dice de forma muy clara en Mateo 6:33: «Mas buscad primeramente el reino de Dios y su justicia». Nuestra misión y responsabilidad principal es ministrar al Señor. Debemos servir a Dios en primer lugar, después a los demás y por último a nosotros mismos. Los hombres fueron creados para la gloria de Dios y para servir a Dios por sobre todas las cosas; pero desde la caída de Adán y Eva, el hombre comenzó a vivir centrado en sí mismo. Comenzó a servir al hombre y al mundo, y se olvidó de servir al Padre celestial. Por esa razón, nada se mueve en armonía y hay grandes penas y guerras en el mundo.

La Biblia dice que Dios es amor. Como usted bien sabe, el amor no soporta la soledad. El amor debe tener un compañero a quien darle y de quien recibir amor. El amor solo puede existir entre dos o más partes. Dado que Dios es amor, él necesita a alguien para amar y desea asimismo ser amado. Por lo tanto, Dios nos llama a una comunión intima con él. Dios es omnipotente; pero aun Dios tiene una necesidad. Esa necesidad es creada por el amor de Dios. Dios lo quiere a usted y necesita que usted lo ame, y desea tener compañerismo con usted. Usted es importante para Dios, y hoy él quiere tener comunión con usted y desea que usted venga y le ministre.

Mateo 6:33 dice: «y todas estas cosas os serán añadidas». Sí, si sirve a Dios de todo corazón, entonces de su gran deleite y felicidad, Dios derramará sus bendiciones sobre usted. Debemos definir las prioridades en nuestra vida, y servir a Dios es la prioridad más alta del mundo.

Lucas 17:7-8 nos dice: «¿Quién de vosotros, teniendo un siervo que ara o apacienta ganado, al volver él del campo, luego le dice: Pasa, siéntate a la mesa? ¿No le dice más bien: Prepárame la cena, cíñete, y sírveme hasta que haya comido y bebido; y después de esto, come y bebe tú?».

Nuestro Señor Jesucristo, por medio de esta ilustración, nos mostró que si ministramos solo a las personas y al mundo, nunca traeremos satisfacción al corazón de nuestro Padre celestial. Un siervo va a trabajar en el campo y después de trabajar todo el día bajo un sol recalcitrante, regresa a la casa. Su amo no le dice que vaya a lavarse porque él será servido primero. No, su amo le pide que venga y lo sirva a él; solo después que el amo ha terminado de comer y de beber, puede el siervo ir y servirse a sí mismo. Ese es el orden de las cosas en la vida, y aun cuando muchas personas se quejan al respecto, ese es el requerimiento que Dios nos hace. Si llevamos a cabo ese requerimiento de Dios, entonces tendremos una vida feliz, ordenada y en calma.

No importa cuánto pueda usted hacer por el Señor o cuán diligentemente ministre a las personas, esas cosas no pueden ocupar el lugar de ministrarle al Señor soberano. Así que debe siempre servir a Dios por sobre todas las cosas.

La Biblia nos enseña con claridad la manera en que debemos ministrar al Señor. Nos da tres pasos de cómo ministrarle a él. En Ezequiel 44:15 está escrito: «… ellos se acercarán para ministrar ante mí».

Lucas 10:38-42 nos dice:

Aconteció que yendo de camino, entró en una aldea;
y una mujer llamada Marta le recibió en su casa.

Esta tenía una hermana que se llamaba María, la cual, sentándose a los pies de Jesús, oía su palabra. Pero Marta se preocupaba con muchos quehaceres, y acercándose, dijo: Señor, ¿no te da cuidado que mi hermana me deje servir sola? Dile, pues, que me ayude. Respondiendo Jesús, le dijo: Marta, Marta, afanada y turbada estás con muchas cosas. Pero sólo una cosa es necesaria; y María ha escogido la buena parte, la cual no le será quitada.

Muchas personas no reconocen de manera apropiada la diferencia entre ministrarle al Señor y ministrar a las personas o trabajar para el Señor. Aun siervos del Señor realizan tareas tales como visitas a los hogares y enseñanza de la Biblia, en lugar de servir al Señor. Sin embargo, Dios no contempla esas cosas como un servicio directo a él mismo. En realidad, muchos hacen un buen trabajo al servir a los demás, pero Dios quiere que usted venga y le dedique tiempo, que esté a solas con él. Eso es ministrarle al Señor.

Cuando leemos la historia de María y Marta, observamos que Marta trabajó muy duro para prepararles a Jesús y a sus discípulos una deliciosa comida, pero no recibió alabanza por hacer ese trabajo. Ella se sentía cargada por sus muchas labores y se quejó, y hasta trató de discutir con Jesucristo. Sin embargo, su hermana María se sentó a los pies de Jesús y escuchó sus palabras, y de esta manera llenó de satisfacción el corazón de Jesús. De modo que Cristo alabó a María mucho más que a Marta, aun cuando Marta trabajó mucho más. Jesús dijo que el ministerio de María al Señor no le sería quitado.

Hermanos y hermanas, debemos dedicar tiempo y venir a Jesucristo. Estamos viviendo en días donde todo es apuro. De la mañana a la noche, todo lo que hacemos es correr. Todas las cosas son instantáneas. Hacemos café instantáneo, té instantáneo, tenemos desayunos instantáneos. Todo tiene que ser rápido e instantáneo, y cuando vamos al Señor Jesucristo y a nuestro Padre celestial con el objeto de servirles, queremos hacerlo lo más rápido posible. Dios no se complace con todo nuestro apuro.

A veces, en nuestros negocios, decimos: «Padre, ahora estamos muy ocupados, te ruego que me respondas al instante. Si no puedes responderme en cinco minutos, olvídalo». Dios quiere que tomemos tiempo para esperar en él y que le ministremos a él.

Esta generación ha perdido el arte de esperar en el Señor. Hay muchos que a duras penas pueden aguantar un culto de una hora en la iglesia. Esa es la razón por la que muchos han perdido la unción del cielo y ya no tienen más paz y gozo en su corazón y en sus hogares. Dios quiere que usted se acerque a él, y que se tome el tiempo, dejando todo de lado, para esperar en él. Entonces él tendrá tiempo para tener comunión con usted y su corazón estará satisfecho.

La Biblia nos dice además que ofrezcamos a él la grosura y la sangre. ¿Qué significa «la grosura»? La grosura significa el tesoro más precioso de una vida. Mateo 26:6-13 nos habla acerca de esto:

> Y estando Jesús en Betania, en casa de Simón el leproso, vino a él una mujer, con un vaso de alabastro de perfume de gran precio, y lo derramó sobre la cabeza de él, estando sentado a la mesa. Al ver esto, los discípulos se enojaron, diciendo: ¿Para qué este desperdicio? Porque esto podía haberse vendido a gran precio, y haberse dado a los pobres. Y entendiéndolo Jesús, les dijo: ¿Por qué molestáis a esta mujer? pues ha hecho conmigo una buena obra. Porque siempre tendréis pobres con vosotros, pero

a mí no siempre me tendréis. Porque al derramar
este perfume sobre mi cuerpo, lo ha hecho a fin de
prepararme para la sepultura. De cierto os digo que
dondequiera que se predique este evangelio, en todo
el mundo, también se contará lo que ésta ha hecho,
para memoria de ella.

En la cultura judía, cuando una joven se iba a casar, ella debía llevar un vaso de alabastro con perfume. Si llevaba el vaso de alabastro lleno de perfume, era bienvenida por la familia de su esposo. Pero si traía un vaso pequeño con solo un poco de perfume, no era recibida con afecto. Así que el vaso de alabastro lleno de perfume significaba algo muy importante para la joven que quería casarse.

En cuanto a María, ella había preparado ese perfume durante mucho tiempo: año tras año, ahorrando dinero de aquí y de allá. Pero cuando encontró a Jesús, su corazón se colmó de adoración hacia él. Lo amó tanto que cuando Jesús visitó Betania, ella trajo su tesoro más precioso: el vaso de alabastro con perfume. Lo abrió y derramó todo el perfume sobre la cabeza y los pies de Jesús, y hasta le lavó los pies con sus cabellos.

Muchas personas vienen a la iglesia de una manera ritualista. Vienen solo por costumbre o por tradición familiar. Invierten una hora y piensan que han finalizado su obligación y su servicio hacia Dios. Dios no aceptará esa clase de adoración. Él quiere su «grosura». Dios quiere su tesoro, su corazón; lo quiere a usted. Si no le trae al Señor su «grosura», el Señor no podrá aceptar su servicio.

No había acabado aún María de derramar el perfume del vaso de alabastro cuando Judas Iscariote y los otros discípulos, indignados dijeron: «¿Para qué ese desperdicio? Porque esto podía haberse vendido a gran precio, y haberse dado a los pobres».

Sin embargo, Cristo respondió: «Siempre tendréis pobres con vosotros». Cristo estaba encantado con semejante «desperdicio» y con el servicio de aquella mujer. No debemos temer el «santo desperdicio» en nuestro servicio al Señor. Entréguele su corazón al Señor Jesucristo, dele de su tiempo y de su dinero. Ese «desperdicio» llena a Cristo de alegría.

Judas Iscariote había seguido a Jesús durante tres años pero nunca le ofreció su «grosura» al Señor. Esa es la razón por la que cuando vino la dificultad, él traicionó a Jesús.

Dios también le pide que traiga la sangre cuando usted viene a él para cumplir su ministerio al Señor. En Hebreos 10:19, la Biblia dice: «Así que, hermanos, teniendo libertad para entrar en el Lugar Santísimo por la sangre de Jesucristo». Y en Hebreos 9:22 la Biblia también dice: «sin derramamiento de sangre no se hace remisión». Todos somos pecadores. Nunca podremos venir a la presencia de nuestro Padre celestial mediante obras propias o nuestro propio entendimiento. Él es un Dios justo y no puede evitar cumplir su juicio frente al pecado. Así que nunca podremos acercarnos a Dios mediante nuestro trabajo, nuestras luchas y distintas actividades. No obstante, Dios proveyó la forma para que podamos hacerlo al enviar a su Hijo unigénito. El Hijo de Dios sin pecado fue crucificado en la cruz y murió sangrando allí, en su lugar y en el mío. Él tomó nuestro pecado, llevó nuestras iniquidades y mediante su muerte y resurrección tenemos perdón incondicional de pecado.

La Biblia nos dice en Romanos 5:9: «Pues mucho más, estando ya justificados en su sangre, por él seremos salvos de la ira». Cuando Dios ve la sangre de su Hijo, su juicio lleno de ira por nuestros pecados pasa, y su eterna misericordia y amor prevalecen.

A los cristianos liberales, modernistas, no les gusta mencionar la sangre de Jesucristo. Dirán incluso que mencionar la sangre de Jesucristo no es bueno psicológicamente para los niños, y han tratado de sacar la palabra «sangre» de la Biblia y de los himnarios. Tan pronto como ellos quiten la palabra «sangre», el Espíritu Santo abandonará sus iglesias y sus vidas. Donde no hay sangre no hay misericordia y amor de Dios, y no está la presencia del Espíritu Santo.

Dios nunca le dará la bienvenida porque usted venga con sus obras llenas de fama, su profundo conocimiento teológico, o por su gran refinamiento. Todo eso es como trapos sucios ante Dios. Él solo quiere ver la sangre de su Hijo, y si usted viene trayendo la sangre de su corazón por fe delante del Señor, Dios le dará la bienvenida y lo bendecirá.

Dios ha dicho que ellos no deben vestirse con nada que los haga transpirar. El sudor es el símbolo de la maldición. Leemos en Génesis 3:17-19:

> *Y al hombre dijo: Por cuanto obedeciste a la voz de tu mujer, y comiste del árbol de que te mandé diciendo: No comerás de él; maldita será la tierra por tu causa; con dolor comerás de ella todos los días de tu vida. Espinos y cardos te producirá, y comerás plantas del campo. Con el sudor de tu rostro comerás el pan hasta que vuelvas a la tierra, porque de ella fuiste tomado; pues polvo eres, y al polvo volverás.*

De este modo, la Biblia anunció una maldición sobre la tierra y la vida de Adán a causa de su rebelión y quebrantamiento de los mandamientos de Dios. El símbolo de esa maldición fue el sudor. Por esa razón, a Dios le disgusta ver el sudor, y cuando usted ministra al Señor, Dios quiere quitarle el sudor. Dios quiere guitar la maldición de su vida.

La Biblia dice en la tercera epístola de Juan, versículo 2: «Amado, yo deseo que tú seas prosperado en todas las cosas, y que tengas salud, así como prospera tu alma». Dios es un Dios bueno. Él quiere darle buenas cosas. Si lo sirve a él, entonces Dios lo servirá a usted, y si usted le ministra a él, Dios le ministrará a usted mediante la sangre de nuestro Señor Jesucristo.

Ahora bien, Dios quiere que usted se quite todo lo que le causa sudor. Debe cambiarse sus ropas; cámbiese la ropa de los pensamientos echando fuera todos aquellos viejos pensamientos negativos y llenos de maldiciones. ¿No sabe que su vida futura mana de sus pensamientos? La Biblia nos dice que cuidemos nuestro corazón más que cualquier otra cosa, porque la vida mana de nuestro corazón.

Muchas personas están llenas de pensamientos negativos, llenas de maldiciones; ellas se convierten en individuos fracasados. Si usted continua teniendo esa clase de pensamientos, Dios no estará complacido. Esa clase de pensamientos se convierte en ropa vieja y sucia la cual produce toda clase de «sudor» en su vida. Así que cuando usted se convierte en un cristiano que ministra al Señor, debe cambiar sus pensamientos mediante la Palabra de Dios. Llene su mente con las promesas de la Palabra de Dios. Cuando la Palabra fluye a través de su corazón, el Señor le da inspiración y le imparte el sentido de Dios para que usted pueda pensar como él quiere que piense; puede vivir como Dios quiere que usted viva y puede hacer lo que él quiere que usted haga.

Hoy, lo animo a que cambie su forma de pensar. Eche fuera esos viejos pensamientos negativos y cambie su lenguaje. Eche fuera el fracaso y su vocabulario pesimista. Asuma el lenguaje de Dios y hable como Dios quiere que usted hable. No diga: «No lo puedo hacer». Diga: «Lo puedo hacer por la gracia de Dios». No diga: «Es imposible», sino diga: «Todo es posible con la ayuda de Dios». Use el lenguaje de la Biblia; hable la Palabra de Dios. Deseche el lenguaje y el pensamiento «imposible», y en todas las áreas de su vida, viva a la luz de la prosperidad. Sí, nada es imposible para el que cree. Dios es omnipotente. Él es todopoderoso en los cielos y en la tierra, y si usted le ministra a él, él le ministrara a usted. Usted es salvo, redimido, se ha convertido en un hijo de Dios. Dios está feliz de poder vestirlo con sus bendiciones.

Para terminar, repito, cuando el pequeño hijo del pastor arregló de manera apropiada la figura del hombre, entonces el mundo estuvo, de manera automática, en su lugar. Siempre que las criaturas de Dios, los seres humanos, toman el lugar apropiado frente a nuestro Padre celestial, nuestros hogares, nuestra sociedad y el mundo también se corregirán de manera automática. Para que eso sea posible, debemos hacer que nuestro ministerio al Señor sea el centro de nuestra vida.

Capítulo 7

JESUCRISTO, NUESTRO SOCIO
Lucas 5:1-11

Pedro había trabajado con afán durante toda la noche en el lago de Genesaret, pero cada vez que sacaba la red, estaba vacía. Cuando por fin llegó el amanecer, agotado, dejó de pescar y remó hacia la orilla. Allí comenzó a lavar sus redes.

De pronto un hombre se subió a la barca y le pidió que la alejara un poco de la orilla. Cuando Pedro miró al hombre, se sintió atraído hacia él, como el hierro es atraído por el imán. De modo que impulsó la barca para alejarla un poco de la orilla. Pedro ni se imaginaba que desde ese momento, su vida sería transformada eternamente.

Los afanosos días del ayer han pasado a la eternidad y el futuro, pleno de esperanza, está ante nosotros. Estamos navegando en barcas que se encuentran en el traicionero mar de la vida, echando redes de negocios para pescar (ganancias) para los días venideros. ¡Pero observe! Alguien se ha subido a la barca para navegar con nosotros. Es Jesús. Si queremos tener victorias, debemos vivir cada día del año con las palabras de Jesucristo en nuestro corazón. Consideremos algunos aspectos de este pasaje de las Escrituras.

En primer lugar, Jesucristo va en busca de nosotros. Pedro no buscó a Jesús, sino que Jesús, por su propia voluntad, vino a

Pedro y se subió a la barca. En este mismo momento, Jesucristo está esperando para entrar en su vida y bendecirlo.

Juan 15:16 nos dice: «No me elegisteis vosotros a mí, sino que yo os elegí a vosotros, y os he puesto para que vayáis y llevéis fruto». También en Apocalipsis 3:20 dice: «He aquí, yo estoy a la puerta y llamo; si alguno oye mi voz y abre la puerta, entraré a él, y cenaré con él, y el conmigo». En este mismo instante, Jesucristo está parado frente a usted, tocando a la puerta de su vida.

En segundo lugar, consideremos la petición de Jesucristo. Cuando él viene a su vida, le pide que usted le entregue su vida a él. Ese día, cuando Jesús le pidió a Pedro que alejara un poco la barca de la orilla, eso significaba un trabajo adicional para Pedro, quien ya se encontraba completamente exhausto después de haber trabajado con afán toda la noche. Luego Jesús se sentó y comenzó a enseñar desde la barca. Sin duda, Pedro estaba cansado y necesitaba dormir. No solo eso, todavía tenía que terminar de lavar las redes antes de que las algas se secaran. Los amigos de Pedro ya casi habían finalizado sus tareas y estaban listos para ir a la ciudad. Pero aquí estaba Pedro, forzado a permanecer sentado en el bote hasta que Jesús terminara su enseñanza. Quizás, al principio, Pedro se sentía nervioso e inquieto por aquella interrupción en su rutina diaria, pero al poco tiempo estaba absorto en las enseñanzas de Jesús. El mensaje celestial de Jesús lo había cautivado.

Cuando Jesucristo entra en su vida, le hace un pedido categórico y firme. Le pide su trabajo, su dinero y su tiempo para que lo dedique a su servicio. El ministrarle a él debe tener prioridad sobre todo lo demás. La Biblia dice en Mateo 6:33: «Mas buscad primeramente el reino de Dios y su justicia, y todas estas cosas os serán añadidas».

En tercer lugar, observe la instrucción de Jesucristo. «Boga mar adentro, y echad vuestras redes para pescar». Este pasaje se puede dividir en varios puntos. Jesús dijo: «Boga mar adentro». La vida, para la mayoría de las personas, es como aguas poco profundas. El mundo de la sabiduría y los sentimientos humanos es poco profundo, y la mayoría de las personas viven a ese nivel. Para bogar mar adentro, usted debe dejar atrás el mundo superficial y materialista y lanzar su vida, por completo, hacia una vida espiritual fundada en la Palabra de Dios. Para ir hacia lo profundo espiritualmente, su vida debe estar centrada por completo en Jesucristo; su vida diaria debe ser una vida llena de obediencia y de fe. Para poder lanzarnos a lo profundo, se requiere que estemos dispuestos a vivir una vida aventurada de fe, sin depender de los sentimientos del razonamiento humano o de experiencias pasadas. Cristo desea que usted se sumerja en aguas profundas. Si no lo hace, no será mucho lo que podrá sacar.

Una vez que se dirige a lo profundo, usted debe echar su red. Las redes son el medio de supervivencia del pescador; así que «las redes» pueden ser comparadas aquí con las diferentes clases de negocios en los que esté involucrado y que le permiten ganarse la vida.

«Lanzar la red» significa estar haciendo lo mejor. Dios no hace milagros en aquellas cosas que usted puede llevar a cabo por sus propias fuerzas. Cuando usted hace lo mejor que puede, entonces Jesucristo viene y hace su parte y hace milagros.

Cristo quiere, además, que usted tenga una ganancia. El negocio de un pescador es el de pescar peces; cuantos más, mejor. Sea cual sea el trabajo en el que esté involucrado, usted debe tener ganancias. Pedro pescó una cantidad tan increíble de peces que sus redes se rompieron. Jesucristo no es solo un profeta, un maestro y Señor, él es también un hombre de negocios.

No separe su vida cristiana de su vida secular de negocios. Aquí observamos dos aspectos de nuestro Señor Jesucristo: (1) Jesucristo el Salvador y el predicador celestial; (2) Jesucristo, el que está en el negocio de la pesca con Pedro, en el medio de un lago. Jesús sabe mucho acerca del «mar traicionero», es decir, su negocio. Sabe con exactitud cuándo y dónde echar las redes para que haya mucha pesca. Cuando su ministerio al Señor tiene prioridad en su vida, Jesucristo se convierte en su socio en los negocios y le da su sabiduría todopoderosa y su poder para que haya mucha ganancia.

Sin Jesús, Pedro hubiera trabajado toda la noche sin pescar ni un solo pez. Pero cuando Jesús entró al bote, y Pedro obedeció y creyó en sus palabras, capturó una gran cantidad de peces. En consecuencia, Pedro recibió una revelación más profunda sobre Jesucristo, y a través de esa experiencia se convirtió en un pescador de hombres.

Usted debe lanzar la barca de su vida a la profundidad del ministerio del Señor y recibir, en su negocio, la enorme ganancia que él desea darle para la gloria de Dios.

Primero, Pedro sirvió a Jesucristo en su barca. Era un sacrificio para él, tanto de su tiempo de trabajo como de su energía física, sin embargo, cuando Pedro ministró al Señor, el Señor Jesucristo cuidó del negocio de Pedro. Pedro tenía un negocio donde necesitaba tener éxito y el Señor lo sabía. Usted tiene un negocio en el cual quiere tener éxito y el Señor lo sabe. Jesús se convertirá en su socio después que usted finalice su servicio a él. Por lo tanto, «buscar primeramente el reino de Dios y su justicia», debería venir siempre primero. Entonces Jesucristo comenzará a trabajar con usted, y usted puede esperar tener una ganancia tremenda porque Dios quiere que así sea. Él quiere que usted tenga éxito. Que cada día sea para usted una experiencia increíble de victoria, para la gloria de nuestro Señor Jesucristo.

Capítulo 8

LOS DONES DEL ESPÍRITU SANTO
1 Corintios 12:7- 11

En Navidad, recordamos el regalo más grande de Dios: el niño Jesús. Hay, además, un intercambio de regalos entre las personas que amamos. Sin embargo, durante mucho tiempo, la iglesia no se ha interesado en los dones que nos ha traído el Espíritu Santo. Como resultado, la iglesia ha perdido su poder y se ha convertido en un club social sin vida.

Jesucristo prometió que enviaría al Espíritu Santo después de su ascensión. El Espíritu Santo vendría y tomaría su lugar como Consolador, continuando así el ministerio de Jesús. Tal como Jesús lo prometió, el Espíritu Santo descendió sobre la iglesia en el día de Pentecostés. Desde entonces, por más de dos mil años, Jesucristo ha estado con nosotros, y él desea fervientemente distribuir sus dones.

En la iglesia actual, el Espíritu Santo nos trae nueve dones. La Biblia dice en Primera Corintios 12:7: «Pero a cada uno le es dada la manifestación del Espíritu para provecho». También en Primera Corintios 12:11 la Biblia nos dice: «Pero todas estas cosas las hace uno y el mismo Espíritu, repartiendo a cada uno en particular como él quiere». Por esa razón, debiéramos venir al Espíritu Santo y pedirle que distribuya sus dones a cada uno de los cristianos en la iglesia.

El Espíritu Santo ha traído tres paquetes muy grandes para la iglesia. Abramos juntos los paquetes y observemos los diferentes dones. En el primer gran paquete, la etiqueta dice: «Dones de revelación». Al abrirlo, de inmediato encontramos un paquete más pequeño sobre el cual está escrito: «Palabra de sabiduría». ¿Qué es la sabiduría? La sabiduría es la capacidad de resolver problemas. Proverbios 1:7 dice que la sabiduría es lo principal. Por lo tanto, adquiera sabiduría y con ello adquiera entendimiento.

La Biblia enseña que la sabiduría es lo principal. Si tenemos sabiduría podremos resolver todos nuestros problemas, no importa cuáles sean. Por lo tanto, en este mundo no hay una guerra de educación sino una guerra de sabiduría en la que usamos toda nuestra educación. Cuando nos vemos enfrentados a un problema difícil, no podemos resolverlo con sabiduría humana; pero cuando nos acercamos a Dios y oramos, Dios nos da su sabiduría y nos ayuda a resolver esa dificultad insuperable.

Cuando leemos sobre la vida de Jesús, vemos que los fariseos y los saduceos vinieron y trataron de tentarlo. Le hicieron una pregunta muy seria: «¿Debemos o no pagar tributo al Imperio Romano, al César?». Era una pregunta muy comprometedora, porque si Cristo les decía que no pagaran tributo al César, sería arrestado por el gobierno de Roma. Pero si les aconsejaba que pagasen tributo, entonces de inmediato los judíos podían volverse contra él y decirle que estaba en contra de la tradición y el pueblo judío. Cristo estaba en un aprieto. Sin embargo, de inmediato, por la sabiduría de Dios a través del Espíritu Santo, él les dio una respuesta sorprendente. Les dijo: «Tráiganme una moneda». Tan pronto como se la trajeron, les preguntó: «¿De quién es esta imagen en la moneda?». Ellos le respondieron: «Es el rostro del César». Entonces Jesús dijo: «Dad al César lo que es del César, y a Dios lo que es de Dios». Ellos no tuvieron respuesta a lo que Cristo dijo y se dispersaron. Hoy, Dios nos da sabiduría especial para resolver problemas difíciles. Ese es el don de la palabra de sabiduría.

Hay otro paquete rotulado: «Don de la palabra de conocimiento». ¿Qué es el conocimiento? Tener conocimiento es entender los diversos contenidos de ciertas cosas. Estudiamos economía y aprendemos sobre los temas de economía; entonces comenzamos a tener conocimiento acerca de economía. Cuando estudiamos historia, entonces naturalmente comenzamos a tener conocimiento sobre la historia.

En nuestra vida cotidiana, hay muchas cosas que están ocurriendo en nuestro medio que no podemos entender; en especial aquellas cosas que tienen serias consecuencias en la vida de los cristianos y en el progreso de la iglesia. Dios quiere que nosotros estemos conscientes de esas cosas para poder estar listos para enfrentar los diferentes desafíos. Dios, mediante su Espíritu Santo, nos imparte conocimientos específicos con respecto a aquellas cosas que no entendemos para que podamos enfrentar cada desafío.

Leemos en el Antiguo Testamento que el rey de Siria estaba muy preocupado porque cada vez que hacia planes para atacar a los israelitas, el rey de los israelitas ya estaba preparado y enviaba su ejército para derrotarlos. Un día, lleno de ira, les dijo a sus ministros: «Sé que uno de ustedes le está informando todo al rey de Israel». Pero uno de los ministros dijo: «Señor, no es así, sino que en Israel hay un profeta llamado Eliseo que, por revelación del Espíritu Santo, entiende aun aquellos planes que usted hace en su cámara secreta». Eliseo recibía la revelación de todo lo que ocurriría mediante del don de la palabra de conocimiento. Por el poder del Espíritu Santo, Dios quiere conferirle su conocimiento para que usted pueda enfrentar desafíos y vivir en victoria.

Hay otro paquete. Su etiqueta dice: «Don del discernimiento de espíritus». Hay tres clases de espíritus en el mundo: el Espíritu Santo, el espíritu humano y el espíritu de Satanás.

La Biblia habla de muchas clases de espíritus demoníacos. Nos enseña acerca de espíritus inmundos, espíritus malignos, espíritus mentirosos, espíritus seductores, el espíritu de adivinación y diversas clases de espíritus de enfermedad. Para que esta generación de cristianos pueda vivir victoriosamente, debe estar preparada para discernir esos espíritus. Debiéramos pedirle al Señor que nos dé el don de discernimiento de espíritus para que podamos estar preparados para discernir la presencia de espíritus de demonios y echarlos fuera. Algunas veces durante la visita a un hogar, discierno el espíritu de depresión, el espíritu de contienda o un espíritu demoníaco. Entonces, de inmediato, ato al espíritu maligno y lo echo fuera. Luego el Espíritu Santo viene y realiza un milagro y una obra de gracia. Cuando discernimos la presencia del Espíritu Santo, entonces podemos tener fe en que se harán grandes cosas para la causa de Jesucristo.

Cuando miramos lo que está escrito en el segundo paquete, leemos: «Dones vocales». Al abrir ese gran paquete encontramos, de nuevo, tres paquetes más pequeños. El primero es: «Diversas clases de lenguas». ¿Qué significa diversas clases de lenguas? Las lenguas son la primera manifestación externa de la plenitud del Espíritu Santo. Leemos en el segundo capítulo del libro de Hechos que ciento veinte discípulos de Jesucristo se habían reunido y orado durante diez días. Dios abrió las puertas de los cielos y derramó su Espíritu sobre ellos y todos fueron llenos con el Espíritu Santo y comenzaron a hablar en otras lenguas, según el Espíritu les daba que hablaran. Así, el hablar en otras lenguas es la manifestación externa de la plenitud del Espíritu Santo.

Cuando leemos el libro de Hechos, vemos que casi siempre que vino el Espíritu Santo y llenó a los cristianos, ellos hablaron en otras lenguas. Las lenguas son un lenguaje de oración que Dios nos da para que podamos desarrollar una relación más profunda con nuestro Padre celestial y nuestro Señor Jesucristo. Cuando hablamos en otras lenguas podemos fortalecer nuestra nueva vida cristiana.

Muchas personas preguntan: «¿Para que hablar en otras lenguas? Usted no entiende la lengua así que, ¿cuál es el propósito de hablar en lenguas?». La Biblia claramente establece en Primera Corintios 14, que hablar en otras lenguas edifica nuestra vida cristiana de manera personal. En griego, edificación es *oikodomeo*. *Oikodomeo* se traduce: «construir su casa bloque por bloque». Al hablar en otras lenguas, usted está construyendo su vida cristiana bloque por bloque. A un bloque de experiencia con Dios, le añade otro. De esa forma usted construye una vida y un carácter cristiano fuertes. Si no construye una fe cristiana fuerte, entonces nunca podrá ayudar a otro a construir su fe. No solo eso, sino que el Espíritu Santo ora directamente por usted mediante las lenguas. El Espíritu Santo desea llevar a cabo su oración intercesora por los cristianos. Mediante las lenguas, él ora directamente a través de nuestra boca a nuestro Padre celestial, para beneficio de los cristianos.

En Isaías 28:11-12 leemos que hablar en otras lenguas nos da descanso y refrigerio espiritual. En estos días en que vivimos, llenos de tensiones y depresiones, necesitamos ese refrigerio espiritual. Mediante la experiencia de hablar en otras lenguas, Dios nos da ese tan necesitado descanso y refrigerio. De manera que aun hoy, por el poder del Espíritu Santo, Dios nos da diversas clases de lenguas para que nos convirtamos en cristianos más fuertes.

Abramos el próximo paquete pequeño. Dice: «Interpretación de lenguas». Alguien habla en otras lenguas pero nadie puede entender nada porque el Espíritu Santo habla a través de nuestra boca al Padre celestial en un idioma desconocido. No obstante, si oramos al Señor y recibimos el don de interpretación de lenguas, a través de ese don recibimos el mensaje de Dios en nuestro propio idioma. Alguien se pone de pie y da un mensaje en lenguas, y otro, por el don de interpretación de lenguas, puede dar el significado de ese mensaje para que la iglesia sea edificada y reciba bendición.

Hay un pequeño paquete más que dice: «Profecía». ¿Qué es la profecía? Como usted bien sabe, profecía es predecir los acontecimientos futuros. En el Antiguo Testamento, los profetas eran siempre los que decían con anticipación las cosas que ocurrirían en el futuro. Ahora tenemos la Biblia, en donde se encuentra el registro de los acontecimientos futuros. Por lo tanto, al estudiarla entendemos acerca de la profecía. De modo que Dios nos da el don de profecía para que podamos dar mensajes de edificación y exhortación a la gente.

Cuando el espíritu de profecía viene sobre usted, entonces recibe la seguridad, la unción y la capacidad de hablarles a los hombres para la edificación y la exhortación de ellos.

El tercer y último gran paquete dice: «Dones de poder». Abrámoslo y observemos dentro. ¿Qué contiene el paquete de dones de poder?

De inmediato, encontramos un paquete más pequeño en el cual está escrito: «Don de fe».

¿Qué es la fe? La Biblia dice que Dios nos da una medida de fe cuando nos convertimos en cristianos. Por medio de esa medida de fe podemos entender la Palabra de Dios y todo lo que el Espíritu Santo nos enseña. Sin embargo, el don de fe es un don que Dios nos da de una forma especial para que podamos llevar a cabo determinadas tareas y para fortalecernos durante la época de persecuciones dolorosas. Hay límites en cuanto a lo que los seres humanos pueden lograr a través de su fe. Así que, cuando

Dios quiere lograr grandes cosas, entonces nos confiere el don de fe. Cuando comencé a construir una gran iglesia, Dios derramó su don de fe dentro de mi alma, de modo que a pesar de todas las dificultades y de las numerosas circunstancias adversas, aun así pude creer con gran unción en lo que Dios me había prometido. Reconozco que esa obra se llevó a cabo porque pude creer como resultado de la fe dada por el Espíritu Santo. Así que cuando oramos, Dios nos imparte su fe, como un don del Espíritu Santo, para que podamos tener el poder de creer que Dios hará cosas magníficas.

Hay otro pequeño paquete que dice: «Dones para hacer milagros». Sí, aun hoy, Dios derrama su poder y contiene temporalmente sus leyes naturales, para realizar sucesos espectaculares.

Leemos en la Biblia acerca de los israelitas que se encontraban parados a las orillas del Mar Rojo. No había puente y no había bote; no había forma de poder cruzar el Mar Rojo, pero Dios intervino, contuvo las leyes naturales y le dijo a Moisés que le ordenara a las aguas que se dividieran. Cuando Moisés obedeció, el Mar Rojo se dividió en dos y todos los israelitas caminaron a través del mar como si estuvieran caminando sobre asfalto. Eso fue un milagro.

Cuando Jesús fue al desierto, cinco mil hombres y muchas mujeres y niños vinieron a escuchar su sermón y a recibir sanidad. Después de escuchar a Cristo todo el día, él se dio cuenta de que ellos tenían hambre. Entonces, como no deseaba enviarlos de vuelta a sus casas hambrientos, Cristo les ordenó a los discípulos que alimentaran al pueblo. Felipe dijo que eso era imposible. No podían alimentar a tantos, ya que estaban en el desierto y no había ningún lugar ni suficiente dinero para comprar comida. Pero Andrés, con fe y visión, le trajo cinco panes y dos peces a Jesús. Jesucristo se puso de pie junto a Andrés, tomó los cinco panes y los dos pescados y los bendijo. Entonces él instruyó a los discípulos para que tomaran el alimento y lo distribuyeran a la multitud. Aun después de haber comido todos en abundancia, todavía sobraban doce cestas. Ese fue el poder obrando milagros de Dios.

Aun hoy, cuando específicamente necesitamos la intervención de Dios para el progreso de la iglesia o para la protección de los cristianos, Dios realiza milagros. Ese es el don del Espíritu Santo llamado de milagros.

En el último paquete pequeño está escrito: «Don de sanidad». ¿Qué es el don de sanidad? El don de sanidad es la vida resucitada de Cristo, la salud de Cristo, fluyendo a través de nuestro cuerpo enfermo, dándole liberación de la opresión de la enfermedad.

En Mateo 8:17-18 está escrito con claridad que Jesucristo tomó nuestras enfermedades y llevó nuestras dolencias. Cristo fue llevado al patio del palacio de Poncio Pilato y después de recibir la sentencia de muerte, los soldados romanos lo llevaron a sus cuarteles y lo ataron a un poste. Luego le quitaron sus vestiduras y lo azotaron treinta y nueve veces con un látigo.

Su carne fue rasgada y la sangre corrió de sus heridas. La Biblia nos dice con claridad que por sus heridas somos curados, así que cada gota de sangre que él derramó nos grita que hay sanidad para esta generación. Cuando vamos en el nombre de Jesucristo y ponemos las manos sobre los enfermos y le pedimos al Espíritu Santo que manifieste el don de sanidad, el poder del Espíritu Santo, a través de nosotros como creyentes, sana al enfermo.

Este mundo está lleno de enfermedades, aun entre aquellos que están viviendo en un ambiente sano e higiénico. Cuando viajé por Estados Unidos, Canadá y por toda Europa, encontré mucha gente que sufría de enfermedades mentales, artritis, neurosis, problemas estomacales, cáncer y otras enfermedades más.

Hasta hoy día, el Espíritu Santo nos unge y nos da el don de sanidades para destruir las obras del diablo.

Debemos desear fervientemente estos dones para nosotros mismos y para la iglesia. Siga buscándolos hasta que los reciba. En Primera Corintios 14:12 se nos da el siguiente mandato: «Así también vosotros; pues que anheláis dones espirituales, procurad abundar en ellos para edificación de la iglesia».

No debemos únicamente estar sentados en silencio en la iglesia y después de participar de un culto religioso salir al mundo para llevar a cabo las tareas de esa semana. No, el Espíritu Santo nos ha traído tres grandes paquetes que contienen nueve dones del Espíritu; y Dios nos quiere impartir esos dones para que los usemos como instrumentos de él para llevar el evangelio de Jesucristo a esta generación moribunda.

Este mundo está enfermo y cansado de oír solo de Jesucristo. Ahora las personas quieren experimentar a Jesús. No solo estamos hablando acerca de dar las buenas nuevas a las personas, sino que debemos llevarles ese maravilloso evangelio de poder y liberación. Usted es el responsable; pero no puede realizar el trabajo de Dios mediante su propia fuerza, ni mediante su capacidad intelectual, ni mediante sus planes personales. Esos dones son sobrenaturales y son impartidos desde el cielo. El Espíritu Santo está listo ahora para darle todos esos dones.

¿Qué don desearía usted? ¿Qué don codicia? La Biblia dice que no debemos codiciar nada, pero en cuanto a los dones del Espíritu Santo, Dios nos dice específicamente que los codiciemos. Dios quiere que poseamos los dones del Espíritu Santo. Con estos dones podemos ser testigos poderosos de nuestro Señor Jesucristo. Cuando usted tiene el don del Espíritu Santo, entonces puede convertirse en un siervo poderoso del Señor y traer el inigualable evangelio de Jesucristo al mundo moribundo.

Por último, permítame advertirle que una vez que Dios comience a usarlo y usted ministre con estos dones, nunca deberá usarlos para exaltar su propio nombre o para su propia ganancia económica. Todos estos dones son dados para edificación del cuerpo de Cristo. Debe tener mucho cuidado de no caer en la tentación de Satanás y estar bajo el juicio de Dios por haber usado mal los dones.

Abramos nuestro corazón. Démosle la bienvenida al Espíritu Santo e invitémosle a que sea parte de nuestra vida. Reconozcamos su presencia de forma constante y pidámosle que nos imparta sus dones.

Capítulo 9

El gusano de Dios
Isaías 41:14-16

Como vemos en la Biblia, hubo varios incidentes que contribuyeron a que Jacob pasara de ser un hombre de gran perspicacia a convertirse en un gusano sin poder alguno. Sin embargo, cuando Jacob quedó como un gusano frente a Dios y a los hombres, la gloria de Dios cayó sobre él y descansó allí. La Biblia menciona esa gloria en el pasaje de Isaías 41:14-16.

> *No temas, gusano de Jacob, oh vosotros los pocos*
> *de Israel; yo soy tu socorro, dice Jehová; el Santo*
> *de Israel es tu Redentor. He aquí que yo te he puesto*
> *por trillo, trillo nuevo, lleno de dientes; trillarás*
> *montes y los molerás, y collados reducirás a tamo.*
> *Los aventarás, y los llevará el viento, y los esparcirá*
> *el torbellino; pero tú te regocijarás en Jehová, te*
> *gloriarás en el Santo de Israel.*

Ahora, observemos la vida de Jacob y veamos cómo fue quebrantado hasta quedar como un gusano. Cuando nació, Jacob se tomó del talón de su hermano, y por eso se le llamó Jacob, «el suplantador». A lo largo de toda su vida, Jacob conspiró contra su hermano y compitió con él.

Jacob ayudaba mucho a su madre. Siempre estuvo muy cerca de ella y se convirtió en una ayuda tal, que ella lo amó mucho más que a su hermano Esaú. Él pasaba gran tiempo en la cocina y le gustaba mucho cocinar. Además, era un soñador. Soñaba con convertirse en el heredero de Abraham. A pesar de que el camino de Jacob era el camino de la carne, no obstante, él tenía algunos conocimientos sobre la fe. Conocía la importancia de lo que significaba ser del linaje de Abraham, lo cual no era de ninguna importancia para su hermano Esaú. Su hermano no tenía fe en Dios. Lo único que le gustaba era ir a las montañas a cazar animales. Esa es la razón por la cual a Dios no le gustaba Esaú, pero amaba a Jacob, a pesar de todos sus defectos.

Jacob no demostró ninguna misericordia en su afán por lograr su objetivo. Él negoció el derecho de primogenitura con el guiso que le dio a su hambriento hermano mayor. Así logró arrebatarle a Esaú su primogenitura. Jacob era un hombre ambicioso. Robó las bendiciones que le correspondían a su hermano. Se puso un atuendo como camuflaje y se presentó así frente a su padre, Isaac, quien ya estaba casi ciego. Sí, Jacob es un símbolo del hombre entregado a los deseos de la carne.

De muchas maneras, nosotros somos como Jacob. Vivimos con el propósito de satisfacer los deseos y las ambiciones carnales. Si Dios quiere usarnos alguna vez, quizás necesite ocasionarnos problemas que quebranten nuestra naturaleza egoísta y carnal, de modo que experimentemos una total impotencia en nuestra vida, como Jacob.

Ahora observemos el plan de Dios y veamos cómo él lo llevó a Jacob a través de pruebas y sufrimientos, quebrantándolo por completo y convirtiéndolo en un gusano. Jacob peleó y luchó en la fuerza de su carne por más de veinte años, pero nada salía como él quería. Cuando Esaú supo que su hermano Jacob lo había engañado, quiso matarlo porque le había robado las bendiciones de su padre Isaac. Por esta razón, Jacob huyó de su hogar y se fue a la casa de su tío Labán.

Mientras estuvo con su tío Labán, trabajó durante siete años para que le dieran a Raquel como esposa. Amaba muchísimo a Raquel, pero en la noche de bodas, su tío Labán envió a Lea en lugar de Raquel. Ahora Jacob era engañado por su tío. Su desaliento fue terrible y protestó, pero su tío por fin lo convenció y lo persuadió de que trabajara otros siete años más por Raquel. Así que, para casarse con Raquel, trabajó otros siete años más, catorce años en total. Jacob le sirvió a su tío durante veinte años y este le cambió el salario diez veces, pero aun así no había provisto para su propio hogar. Al final, Jacob consiguió adquirir algún ganado y se escapó de la casa de su tío con toda su familia, antes de que Labán viniera y le quitara todo. Sin embargo, algunos días después, su tío se enteró de lo que había ocurrido y lo alcanzó con algunos de sus hombres. Si Dios no hubiera estado cuidando a Jacob, este pudiera haber sido asesinado. Jacob pudo hacer un pacto de no agresión con su tío, con la condición de que no cruzaría nunca más hacia la región donde este moraba.

Después de eso, Jacob envió mensajeros delante de él a Esaú, su hermano, con estas palabras: «Así dice tu siervo Jacob: Con Labán he morado, y me he detenido hasta ahora; y tengo vacas, asnos, ovejas, y siervos y siervas; y envío a decirlo a mi señor, para hallar gracia en tus ojos». Los mensajeros volvieron y le dijeron a Jacob: «Vinimos a tu hermano Esaú, y él también viene a recibirte, y cuatrocientos hombres con él». Sí, Esaú venía con cuatrocientos hombres para cumplir su venganza sobre su hermano Jacob.

Jacob tenía mucho miedo y estaba angustiado porque recordaba cómo había engañado a su hermano y le había robado las bendiciones de primogenitura; ahora se enteraba de que la ira de Esaú no se había disipado aún. Entonces Jacob concibió su último plan. Dividió sus rebaños en dos campamentos, con la esperanza de salvar al menos un grupo si Esaú lo atacaba. Envió a todas sus mujeres y a todos sus hijos al otro lado del arroyo delante de él para probar la verdadera intención de su hermano, porque si su hermano en realidad quería matarlo, entonces comenzaría matando a sus niños y a sus mujeres. Así sabría si en realidad su hermano aún quería matarlo, y tendría tiempo para escaparse, porque entre su hermano y él estaba el arroyo de Jaboc. Por lo tanto usó su último plan, que en realidad era un plan despiadado, ¿no le parece? Estaba dispuesto a sacrificar a sus esposas y a sus hijos para salvar su propia vida. Cuando se quedó solo a un lado del arroyo de Jaboc, me puedo imaginar que sus esposas y sus hijos lo llamarían para que cruzara a donde se encontraban ellos, pero él solo les haría señas con sus manos y les diría que siguieran adelante. Se puso de cuclillas y se quedó al otro lado del arroyo, esperando que su hermano viniera a ver cuáles eran sus verdaderas intenciones.

Sin embargo, Dios no dejó solo a Jacob. Envió a su ángel. De repente, Jacob sintió como si alguien lo estuviera sujetando por el cuello, y cuando se dio vuelta comenzó a luchar con el ángel de Dios en el arroyo de Jaboc. Jacob era muy obstinado, y en su carne él no estaba dispuesto a entregar ni su plan, ni su vida. El ángel del Señor luchó con él hasta el alba, pero Jacob no se rendía. No queriendo poner su vida en las manos de Dios, Jacob persistió en su propio camino hasta que, al fin, el ángel del Señor lo tocó en el sitio del encaje del muslo y se lo descoyuntó. Entonces él se sintió caer y quedó cojo. Su última esperanza de apoyarse sobre sus dos piernas fuertes se había desvanecido. Había sido derrotado por Dios. Ahora no había forma de escaparse. Lo único que le quedaba era entregar su vida a Dios. Su último plan para escapar del ataque de su hermano había sido frustrado. Estaba cojo, y con esa cojera no le era posible escaparse de su hermano.

Como puede ver, sus ojos astutos, sus oídos, sus dientes afilados, sus manos habilidosas y sus dos fuertes piernas ya no le servían para nada. Se convirtió en un gusano que se revuelca en el polvo y que depende por completo de Dios. Allí, en ese momento, Dios se unió a Jacob, el gusano, y marcharon juntos.

Escuche el anuncio que Dios le hizo a Jacob el gusano.

> *No temas, porque yo estoy contigo; no desmayes,*
> *porque yo soy tu Dios que te esfuerzo; siempre te*
> *ayudaré, siempre te sustentaré con la diestra de*
> *mi justicia. He aquí que todos los que se enojan*
> *contra ti serán avergonzados y confundidos; serán*
> *como nada y perecerán los que contienden contigo.*
> *Buscarás a los que tienen contienda contigo, y no*
> *los hallarás; serán como nada, y como cosa que*
> *no es, aquellos que te hacen la guerra. Porque yo*
> *Jehová soy tu Dios, quien te sostiene de tu mano*
> *derecha, y te dice: No temas, yo te ayudo. No temas,*
> *gusano de Jacob, oh vosotros los pocos de Israel;*
> *yo soy tu socorro, dice Jehová; el Santo de Israel es*
> *tu Redentor. He aquí que yo te he puesto por trillo,*
> *trillo nuevo, lleno de dientes; trillarás montes y los*
> *molerás, y collados reducirás a tamo. Los aventarás,*
> *y los llevará el viento, y los esparcirá el torbellino;*
> *pero tú te regocijarás en Jehová, te gloriarás en el*
> *Santo de Israel.*
> *—Isaías 41:10-16*

Tal como Dios lo prometió, él caminó junto a Jacob mientras este se dirigía cojeando hacia su hermano mayor que venía con cuatrocientos hombres a cumplir la venganza que había abrigado durante veinte largos años. Esaú no sabía que el Dios Todopoderoso, Jehová, marchaba junto al gusano cojo llamado Jacob, pero de pronto, el poder del Espíritu Santo cayó sobre Esaú y su corazón se derritió. Sintió profunda pena al ver a su hermano, que venía hacia él, con el rostro inclinado y cojeando. Su corazón se quebrantó. Se bajó de su caballo, corrió hacia su hermano, lo abrazó y comenzó a llorar. Ese fue el milagro del poder de Dios, y como puede ver, Dios cambió el corazón endurecido de Esaú; un corazón que había abrigado venganza por más de veinte años. Dios puede realizar el mismo milagro en su vida.

Cuando usted recibe a Jesucristo como su Salvador personal, es semejante a Jacob. Tiene la vida de Cristo morando en usted, pero todavía está atado por sus propias intenciones y ambiciones. Dios, en realidad, no puede usarlo en esas condiciones. Él nunca pondría la responsabilidad de él sobre su vida. Dios debe quebrantar su voluntad antes de poder usarlo para su gloria. Él lo dejará pasar a través del fuego y del agua muchas veces y permitirá que usted se vea enfrentado a dificultades y pruebas hasta que esté quebrantado por completo y, como Jacob, se sienta aplastado y convertido en un «gusano». Entonces recordará las promesas de Dios, y él irá con usted a dondequiera que vaya.

La gente del mundo piensa que «el gusano» es miserablemente vulnerable y eso es verdad. Sin embargo, cuando ese gusano recibe «un toque de Dios», entonces, cuidado. Ese gusano se convertirá en un nuevo instrumento de trillar con dientes filosos. Mientras viva en el mismo espíritu que Jacob, su Jaboc será inevitable. Puede estar seguro de que Dios lo tocará o lo disciplinará. Bendito es ese «cojo tocado por Dios», el gusano Jacob. Dios nunca lo dejará ni lo abandonará.

Dejemos atrás nuestro antiguo estilo de vida. Crucifiquemos nuestra carne. Levantémonos y recibamos a Jesucristo en nuestro corazón y vivamos centrados en Dios; vivamos de manera cristocéntrica. Permitamos que el Espíritu Santo de Dios venga y se apodere de nosotros y nos controle por completo para su gloria y sus propósitos. Cuando el espíritu que estaba en Jacob está en nosotros, tendemos a destruirnos espiritualmente, y nos volvemos cojos como Jacob, a causa de nuestro orgullo y nuestras intrigas. Pero si se lo pedimos a Dios, él vendrá, se reunirá con nosotros y nos dará el poder de sus propias habilidades y sus bendiciones. Después nos enviará para que vayamos con sus bendiciones sobre nuestra vida. Tendremos grandes bendiciones de Dios y poderosas manifestaciones de su poder y de su mano poderosa para obrar milagros a través de nuestra vida. ¡Esperemos que ocurran grandes cosas!

Capítulo 10

El poder sobre Satanás
Marcos 16:17-20

Convertirse en un cristiano es más que unirse a una iglesia. Es más que asistir a la iglesia y recibir el bautismo con agua. La Biblia nos enseña que convertirse en cristiano significa recibir la vida eterna. Muchas personas tienen un concepto equivocado sobre el significado de la vida eterna. Piensan que la vida eterna significa que vivirán eternamente en el cielo. En realidad, el alma nunca muere; aun el pecador vivirá eternamente en el infierno. Como puede ver, aceptar a Jesucristo no significa solo vivir en la eternidad.

La palabra griega para vida eterna es *zoe aionion*, que significa «la clase de vida de Dios». Usted y yo tenemos vida humana, la cual está maldecida con la muerte, pero cuando venimos a Cristo, nuestros pecados son limpiados y el Espíritu Santo viene y trae a nuestra alma la vida de Dios. Jesucristo es la vida de Dios. Cuando él viene a su alma, usted tiene vida eterna, la vida de Dios. Muchos piensan que los verdaderos cristianos no son diferentes de los pecadores, pero hay una diferencia tremenda. Son diferentes como el cielo es de la tierra, porque los cristianos verdaderos tienen la vida de Dios morando en ellos; los del mundo tienen una vida perecedera en ellos. Cuando usted posee la vida de Dios, usted ira al cielo a vivir con Dios. La vida de Dios mora en usted, ahora mismo, si ha aceptado a su Hijo como su Salvador.

Jesucristo dice que si usted tiene la vida de Dios, entonces hay cinco señales que lo seguirán. Antes que Cristo dejara esta tierra y ascendiera a los cielos, les dio una promesa increíble a sus seguidores, la cual aparece en Marcos 16:17-20.

Jesucristo también dijo que el cielo y la tierra pasarán, pero que su Palabra no pasará. La palabra de Cristo aún permanece y él la confirma con señales que la siguen. La Biblia me dice que Jesucristo es el mismo ayer, hoy y por siempre. Su ministerio nunca ha cambiado. Él está con nosotros ahora y nosotros veremos esas cinco señales que siguen a nuestro ministerio. Solo la incredulidad de los cristianos impide que tengamos esas señales; pero si creemos, esas señales nos seguirán.

La primera señal es que echaremos fuera a los demonios en el nombre de Jesucristo. Hoy día, la gente pregunta: «¿Dónde están los demonios?». La Biblia enseña que desde el principio, el diablo vino y engañó a Adán y a Eva. Mientras Jesús estuvo en el mundo, fue tentado por Satanás. Fue tentado después de ayunar por cuarenta días y cuarenta noches; luego, cuando vino a la sinagoga para predicar; fuera donde fuera, era desafiado por Satanás. Y dondequiera que iba, Cristo echaba fuera demonios. Incluso, una vez le dijo a Pedro: «¡Apártate de mí, Satanás!». El diablo entró en el corazón de Judas Iscariote y le plantó allí la idea de traicionar a Cristo.

Las personas mundanas no entienden las cosas espirituales; pero cuando somos iluminados por la vida de Jesús, nos damos cuenta de que existe un enemigo llamado el diablo. En estos últimos días, la obra del diablo va en aumento; por lo tanto, Cristo nos dio la promesa que echaríamos fuera a los demonios en su nombre. La Biblia dice que Cristo es verdad y que su palabra es verdad. La gente del mundo dice que no hay diablo, pero Cristo nos dice que hay un diablo que debemos echar fuera. La gente mundana dice que es solo la naturaleza humana, pero Jesucristo dice que el diablo está causando los deseos de la carne, los deseos de los ojos, y la vanagloria de la vida. Los cristianos debemos desafiar el poder de Satanás.

Un día, cuando predicaba en mi iglesia, la esposa de un médico famoso vino al culto. Ella estaba paralizada de un lado y caminaba arrastrando su pierna. Después de escuchar el mensaje del evangelio, ella comenzó a asistir a la iglesia con fidelidad. Una mañana escuché el sonido de una risa extraña que venía del templo; sentí que me corría un escalofrío por la espalda.

Cuando fui al santuario, vi a esa mujer riéndose y burlándose. Tan pronto como fui hacia ella y le puse mi mano sobre su cabeza, comenzó a maldecirme. Estaba impresionado, porque esa dama era una mujer muy refinada, una farmacéutica, educada en una universidad de Tokio. No podía creer que estuviera hablando palabras tan horribles. Cuando comencé a orar por ella, una extraña voz comenzó a hablar desde su boca. Esa voz me decía que no se irían. Por lo que les dije: «¿Quiénes son ustedes?». Entonces los demonios comenzaron a hablar y decían: «Hemos vivido en ella por más de diez años. Muchos han tratado de echarnos, pero no nos vamos, y tú no podrás sacarnos de aquí». Supe entonces que estaba poseída por demonios y, en el nombre de Jesucristo, comencé a echarlos fuera. Sin embargo, continuaron desafiándome y luchamos por más de ocho horas. En el nombre de Jesucristo, mandé a los demonios que se fueran, pero continuaron protestando y declarando que no se irían. No había desayunado ni almorzado, y a las cinco de la tarde estaba tan extenuado, que a duras penas podía hablar. De nuevo dije: «Diablo, ¡sal fuera!». No solo estaba cansado sino también asustado, porque si el esposo de ella, que era un famoso médico que servía en el hospital de la Cruz Roja en Seúl y que no era cristiano, venía a la iglesia y veía esa extraña situación, yo sabía que podía demandarme ante los tribunales. A este punto, yo estaba desesperado y comencé a clamar en el nombre del Señor de manera ferviente. El poder del Espíritu Santo cayó sobre mí, y pronto estuve lleno del Espíritu Santo. Me sentía tan liviano que me parecía que estaba parado sobre la punta de mis pies. Una vez más, pero esta vez con una tremenda unción, le ordené al demonio que se fuera. De repente, a ella le dio como un ataque y comenzó a temblar, y se desmayó. Parecía muerta. Las personas alrededor de mí trataron de decirme que ella estaba muerta, pero cuando la tomé y la levanté en el nombre de Jesucristo, ella se puso de pie, sana por completo de su parálisis. Comenzó a saltar y a alabar al Señor, y su regocijo era tan grande como el de su esposo. Después de ver a su esposa sanada, él se arrodilló allí mismo y entregó su corazón al Señor.

Hace cinco años, yo estaba dirigiendo una reunión de avivamiento en Gran Bretaña. Las reuniones eran en un teatro y la gente era muy formal y poco espontánea. Les pedía que dijeran «Aleluya», pero ni uno respondía. Solo se sentaban y me miraban como si no les gustara mi sermón. No obstante, continúe predicando la Palabra de Dios, y al terminar el culto, cuando pedí a los enfermos que pasaran al frente para orar por ellos, solo vino una muchacha. Era muy, muy delgada y tenía terribles dolores en su estómago. Tan pronto como ella vino al frente, comenzó a sudar.

—Pastor, yo no puedo comer nada. Tengo terribles úlceras estomacales y he visitado a muchos médicos, pero ninguno me ha curado. ¿Podría orar por mí? —me dijo.

Puse mis manos sobre ella y comenzó a temblar.

—¡En el nombre de Jesucristo recibe la sanidad! —dije.

De pronto, ella comenzó a maldecirme.

—Amigo coreano, ¡vete! ¡Yo no me voy a ir de ella! —dijo ella.

—¿Quién eres? —pregunté.

—Yo soy el diablo y quiero destruir a esta joven. Antes de irme la mataré —respondió la voz.

Todos en el teatro escucharon esto y de pronto la congregación se envolvió en una atmósfera electrizante. Todos se pusieron de pie.

—Diablo —dije—, sal de ella en el nombre de Jesucristo.

Ella comenzó a gritar y luego se derrumbó en el piso. La tomé de la mano en el nombre de Jesucristo.

—¡Alabado sea Dios, se fue! —dijo ella con un rostro radiante. Estaba sanada por completo y las personas comenzaron a correr hacia el frente para que orara por ellos. A partir de la siguiente noche, ese teatro estuvo repleto de personas y el poder de Dios se manifestó en medio de ellas, a medida que le buscaban.

Hay demonios ocultos que están obrando en esta sociedad. Todos estamos preocupados por la contaminación del agua y del aire, pero este mundo está lleno de contaminación espiritual. El mundo está lleno de suciedad. Vemos las calles llenas de imágenes pornográficas. ¿Cree usted que esa es la obra de Dios? ¿Piensa que eso es obra de hombres decentes? ¡No! Esa es la obra del diablo. Debemos limpiar la contaminación en nuestra vida espiritual. Nuestros niños son engañados por el diablo. Debemos atar al diablo y echarlo fuera en el nombre de Jesucristo.

Usted posee la vida eterna. La vida eterna es la vida de Dios; es la vida más alta que existe. El nivel más bajo de vida es el reino mineral, el siguiente nivel es el reino vegetal, luego el reino animal, después la humanidad. A esta le siguen en orden ascendente las órdenes angelicales, y por último, Dios, la fuente de toda vida.

Satanás es un ser angélico, así que él es más poderoso que los seres humanos; de modo que Satanás controla a los humanos. Sin embargo, cuando aceptamos a Jesucristo, la vida de Dios entra en nosotros y nos convertimos en seres superiores a los seres angélicos. Es por eso que podemos echar fuera a los demonios; poseemos la vida de Dios, lo cual hace que nuestra vida sea más poderosa que la vida de Satanás.

La ley de la naturaleza nos muestra que si el grande patea al más pequeño, entonces el más pequeño debe irse. Como cristiano, usted posee la vida más poderosa, la cual es más fuerte que la vida de Satanás. Por tanto, cuando usted le ordena a Satanás que se vaya en el nombre de Jesucristo, la ley de Dios lo ata y debe irse. Usted no es un ser débil, no es un ser sin poder; usted tiene mucho poder porque tiene la vida eterna que mora en usted, y puede echar fuera los demonios en el nombre de Cristo. Ordene al poder del diablo que se vaya de su hogar. Ore por sus hijos para que el poder de Satanás no pueda controlarlos. Ruegue para que la influencia de Satanás pueda quitarse de su sociedad. Usted tiene el poder. Cristo nos dio una promesa tremenda en Lucas 10:19:

> *He aquí os doy potestad de hollar serpientes y escorpiones, y sobre toda fuerza del enemigo, y nada os dañará.*

En esta preciosa promesa Cristo nos da dos palabras maravillosas. En griego, él dice: «Os doy *eksousia*», que significa «autoridad»; autoridad sobre el poder de Satanás. La autoridad es más fuerte que la potestad. Mi abuela murió a los ochenta y tres años. En cuanto a poder se refiere, ella estaba muy débil y sin fuerza, pero tenía mucha autoridad. Cuando joven, yo tenía mucho más poder que mi abuela, pero ella tenía autoridad. Cuando ella decía: «¡Hijo ven!», yo iba; si ella decía: «¡Vete!», yo me iba. La autoridad es superior al poder. Cristo dijo: «Te doy *eksousia*, la autoridad», así es que puede hollar sobre la *dunamis*, «el poder de Satanás». Use la autoridad que Dios le ha dado ahora mismo. Si se siente fuerte o no, si se siente ungido o no, si se siente maravilloso o no, usted tiene la autoridad para ordenarle a Satanás que se vaya. Satanás tiene poder, pero la autoridad es superior.

Un policía está en una esquina y cuando un poderoso automóvil viene, a pesar de que el auto tiene más poder que el policía, el policía puede detenerlo con solo levantar una mano. Tan pronto como el policía baja su mano, el poderoso automóvil continúa su marcha. El auto tiene el poder, pero el policía tiene la autoridad. La Biblia dice que Dios le dio a usted la autoridad. Así que, a pesar de que el diablo tiene poder y se acerca a usted, si usted conoce la Palabra de Dios, puede decirle: «¡Vete! ¡Lárgate de aquí!». Satanás está sujeto por la ley de Dios para obedecerle porque usted tiene la autoridad.

La Palabra de Dios le dice que usted es el vencedor, ahora. La vida que está en usted es más poderosa que la que está en Satanás, así que no diga que es débil. Nunca diga que no puede echar fuera demonios, sino diga que usted tiene el poder y la autoridad porque la Biblia dice:«en mi nombre echarán fuera demonios».

Una vez, cuando estaba en el sur de Corea, me fui a reunir con un ministro. Cuando llegué, oí que alguien estaba llorando e implorando en su oficina. Cuando abrí la puerta, una mujer poseída por un demonio estaba sentada en el piso y el pastor le estaba implorando al demonio y le decía: «Te ruego que te vayas. Por favor, vete». El diablo se estaba riendo a carcajadas de él. Le dije al ministro: «Si usted solo le hace cosquillas al diablo, él nunca se irá. Debemos tratar al diablo como lo que es: el diablo. Tenemos la autoridad para hacerlo».

—Vengo a ti en el nombre de Jesucristo —le dije al diablo.

—Sé que no tiene ningún poder —respondió el diablo.

—Sí, sé que no tengo poder, pero tengo autoridad —le dije. En el nombre de Jesucristo, te ato. ¡Vete!

Tan pronto como el diablo salió de ella, la mujer sintió un alivio increíble.

Usted tiene la victoria. No tenga temor de Satanás. ¡Podemos echar fuera al diablo! Esta es la primera de las «señales que los seguirán» que Dios le ha prometido.

En segundo lugar, Jesús dijo que en su nombre hablarían nuevas lenguas. La Biblia nos dice que cuando los primeros cristianos recibieron el bautismo del Espíritu Santo, todos ellos hablaron en otras lenguas. Cuando usted se convierte, el Espíritu Santo viene y mora en usted; pero cuando recibe el bautismo del Espíritu Santo, el Espíritu Santo se hace cargo y fluye a través de usted. El Espíritu Santo toma control de su lengua y comienza a hablar en un maravilloso lenguaje de oración.

Yo mismo oro en otras lenguas y mucho, pero lo que la Biblia enseña es más que el hablar en lenguas desconocidas, ya que cuando nos convertimos en cristianos recibimos una nueva lengua. Cuando vivíamos en el mundo hablábamos en lenguaje mundano, pero cuando nos convertimos en cristianos comenzamos a hablar de cosas nuevas. Comenzamos a hablar el nuevo lenguaje de la Biblia. Este es un lenguaje victorioso y celestial.

La Biblia, en la epístola de Santiago, dice que la lengua, a pesar de ser pequeña, es la brida de todo el cuerpo. Continúa diciendo que controlamos a un caballo con un freno en la boca, y a un gran barco en la tormenta con un pequeño timón.

Aun un pequeño fuego puede quemar a toda una ciudad, y la lengua, a pesar de ser un pequeño miembro de nuestro cuerpo, es tan poderosa que puede controlar a todo el cuerpo.

Los neurocirujanos dicen que el centro del habla de nuestro cerebro controla a todo el cerebro; por consiguiente, lo que usted habla controla a todo su cuerpo. Si habla de manera negativa, esas cosas negativas le pondrán la brida a todo su cuerpo. Si habla de sus enfermedades constantemente, las enfermedades controlarán a todo su cuerpo. Si habla acerca de su pobreza, entonces la pobreza controlará su vida. Lo que hable, a la larga, le dará forma a su vida y determinará su destino. Así que cuide su lengua. Nunca le entregue su lengua a Satanás, ni hable de manera negativa. Nunca hable sobre enfermedad, pobreza, fracaso, o esas cosas serán las que controlarán su cuerpo y, por ende, su futuro también.

El famoso fundador de la Misión del Congo tenía cáncer en el hígado y el médico le dijo que no viviría por mucho tiempo más, así que él dejó el Congo y se volvió a Gran Bretaña. Un día, mientras estaba acostado en el sofá leyendo la Biblia, su mirada se detuvo en Primera Pedro 2:24: «... y por cuya herida fuisteis sanados». Una nueva revelación entró en su corazón. «El médico dice que soy un hombre moribundo; la Biblia dice que por su herida yo fui sanado. ¿Debo creerle al médico o a la Palabra de Dios? Está claro que debo creerle a la Palabra de Dios». Desde ese momento decidió hablar con las palabras de la Biblia. Así que en fe, declaró: «y por cuya herida yo fui sanado». La Palabra de Dios comenzó a ponerle brida a todo su cuerpo y él fue liberado por completo del cáncer del hígado.

Una joven se estaba muriendo de tuberculosis y entonces el médico del sanatorio llamó a su madre y le permitió que se llevara a la joven a su hogar para que muriera allí. Los padres fueron al sanatorio y se llevaron a la muchacha, que estaba muy cerca de la muerte, al apartamento de ellos. Un día, la madre estaba planchando y la joven estaba leyendo la Biblia. De repente ella descubre la misma porción de las Escrituras: «y por cuya herida fuisteis sanados».

—Mamá, ven. Mira este versículo —gritó la joven—. Dice que por sus heridas yo fui curada. Si fui sanada, ¿por qué debo estar aquí tirada? Tráeme mis ropas y mis zapatos.

—No, no puedes levantarte —replicó su madre—. El médico nos advirtió que debes mantenerte acostada.

—Pero mamá —respondió la muchacha—, ¿me dijo Dios una mentira? Tú me has enseñado siempre a creer en la Palabra de Dios, y su Palabra me dice que por sus heridas yo fui sanada. ¿No debiera creerlo?

Su madre le trajo su vestido y ella se lo puso. Se incorporó, un poco tambaleante, y declaró: «Estoy curada por las heridas de Cristo». La lengua comenzó a controlar todo su cuerpo. Fue a la cocina, se preparó algo para comer y comenzó a comerlo. Fue a la sala alabando a Dios. Así continuó confesando que estaba sanada por sus heridas. Poco a poco, comenzó a fortalecerse, y en una semana se sentía ya muy fuerte. Fue al hospital y después que el médico le hizo un detallado chequeo, pronunció su sanidad.

La Palabra de Dios debe prevalecer y lo que usted hable, eso tendrá. La Biblia nos dice que si les decimos a las montañas que se muevan, eso sucederá. La Biblia tiene treinta y dos mil quinientas promesas: pronuncie las promesas de Dios y tendrá lo que la Palabra de Dios le promete. Tantas personas hablan de forma equivocada; están siempre hablando de una forma negativa. Hablan acerca de sus fracasos, de sus debilidades, de sus tristezas; después se preguntan por qué han fracasado y por qué no tienen paz en sus hogares. Se preguntan por qué están tan débiles. Es porque ellos sujetan a su cuerpo con las palabras equivocadas. Hable una nueva lengua, hable el lenguaje de la Biblia, hable acerca de la redención, de la vida eterna, hable sobre su sanidad por las heridas de Jesucristo, hable que fue bendecido por el Señor. Diga que Dios es su fortaleza y verá que cosas maravillosas ocurren en su vida. Sí, aprenda a hablar en una nueva lengua.

A los dieciocho años de edad, yo me estaba muriendo de tuberculosis. Era un fracasado. No tenía dinero y muy poca educación. No había esperanza para mí en este mundo. Entonces me convertí en cristiano y tomé la decisión de hablar con el lenguaje de la Biblia. Hablé sobre sanidad. Confesé acerca del éxito y hablé sobre la abundancia. Nunca permití que mi lengua hablara cosas negativas. Ahora estoy pastoreando una congregación de muchos miles de miembros, y Dios nos ha permitido construir un templo que cuesta unos cinco millones de dólares. Estamos comenzando a enviar misioneros a todo el mundo. Cuando cambié mi forma de hablar, mis circunstancias comenzaron a cambiar.

Un día leí en una revista médica coreana un artículo muy interesante escrito por el presidente de la asociación médica. Él decía que muchos coreanos estaban muriendo de lo que él llamaba muerte común. Decía que muchas personas piensan que morirán a los cincuenta años, porque eso es lo que les sucedió a sus padres. Entonces, cuando arriban a los cincuenta, de repente comienzan a tener mareos y piensan que están por morir. Muchos en realidad mueren a los cincuenta, aun cuando no haya causa médica para su muerte. Este médico decía que uno no debe anticipar una experiencia similar a la su padre, porque esa forma de pensar ha causado muchas muertes prematuras. Aun un médico incrédulo ha declarado que la lengua controla nuestro futuro:

Usted puede ser victorioso. Usted puede ser sanado. Sí, usted puede vivir una vida feliz. Comience ahora mismo a hablar la Palabra de Dios y diga lo que corresponde con su boca. Hable en una nueva lengua.

En tercer lugar, la Biblia dice que tomarán en las manos serpientes. Eso no significa que nosotros andemos por ahí agarrando serpientes con las manos. Solo un necio podría hacer eso. «Serpiente» significa aquí Satanás. Satanás, la serpiente, se acercó a Adán y Eva en el huerto del Edén y logró que ellos se volvieran contra Dios. Los seres humanos estamos compuestos por un espíritu, un alma y un cuerpo. A través de nuestros cinco sentidos, conocemos y nos comunicamos con el mundo; por consiguiente, nuestro cuerpo es de este mundo. Nuestra alma es nuestro verdadero ser. A través del conocimiento y del sentimiento, el alma puede tomar decisiones y ejercer su voluntad. De modo que el alma posee solo conciencia de sí misma. Es únicamente a través de nuestro espíritu que podemos comunicarnos con Dios. Mediante nuestro espíritu conocemos y adoramos a Dios.

Esa serpiente, Satanás, se nos acerca y trata de tentarnos a vivir una vida centrada en el mundo. Si cedemos a esa tentación, estamos bajo el control de esa serpiente. Cuando vivimos ese tipo de vida, Satanás tiene dominio sobre nosotros; pero cuando vivimos centrados en Dios, entonces nosotros tenemos dominio sobre Satanás. Podemos tomar en nuestras manos a la serpiente; podemos echar fuera demonios. Cuando usted decide vivir centrado en Cristo, se convierte en una persona espiritual, dirigida por el Espíritu Santo. La Biblia dice que los hijos de Dios «tomaremos en las manos» a Satanás. Es fácil detectar la obra del maligno. Cualquier palabra que sea dirigida por el yo es de Satanás; pero cualquier palabra que nos dirija a vivir centrados en Dios, proviene del Espíritu Santo. Ahora puede tomar serpientes en sus manos; puede discernir la obra del diablo y echarlo fuera.

En cuarto lugar, la Biblia dice que si tomamos alguna cosa mortífera, no nos dañará. Un día fui a una pequeña aldea para una reunión. Una niña de siete años de edad se me acercó. Su boca estaba completamente quemada. Era una niña huérfana que había perdido a sus padres cuando huyeron de Corea del Norte como refugiados. Trabajaba como criada en la casa de una familia rica. La señora de esa familia era muy despiadada. Durante la noche, la pequeña niña no podía ir a la cocina ni para tomar un vaso de agua.

Una noche, estaba tan sedienta que se dirigió muy lenta y calladamente a la cocina y a tientas trató de encontrar en la oscuridad algo para tomar. No se dio cuenta de que el recipiente que había encontrado contenía veneno para ratas, y se lo tomó. A pesar de que comenzó a vomitar sangre, la señora no la llevó a un médico; la dejó allí tirada para que muriera. Esa pequeña niña era una buena cristiana y cuando comenzó a clamar a Jesucristo, él la tocó. Después de contarme esa historia, ella abrió su boca y vi que a pesar de que sus labios estaban quemados, no se le había dañado la garganta, y su esófago estaba limpio. Ella comprobó que la Palabra de Dios era verdad porque tomó veneno mortífero y no la dañó.

En la actualidad tomamos veneno en todas partes. El aire está contaminado, el agua está contaminada; pero lo que es aun más peligroso es que estamos espiritualmente contaminados. Cuando escuchamos la radio o miramos la televisión, tomamos veneno. Hay muchas más personas deprimidas que en cualquier otra época de la historia. Durante la Segunda Guerra Mundial, solo trescientos mil norteamericanos murieron en las líneas de combate, pero más de un millón murió en el continente americano por ataques al corazón. Los había envenenado el temor y la preocupación. Muchas más personas mueren hoy a causa del temor y la preocupación que por ninguna otra causa en el mundo. Ese veneno se está extendiendo por todo el mundo. La Biblia dice que en el nombre de Jesucristo podemos ser libres de esos poderes venenosos. Cuando usted se arrodilla y ora en el nombre de Jesucristo, ese espíritu de temor se alejará. Se liberará de ese veneno espiritual y tendrá paz y gozo mediante el nombre de Jesús.

Algunas veces, cuando regreso a mi hogar después de un día difícil en la oficina de la iglesia, me siento muy raro. Mi esposa parece estar irritada, mis hijos están muy inquietos y yo me enojo. Siento deseos de pelear con mi esposa y parece como si todo nuestro hogar estuviera siendo envenenado. Cuando era un cristiano sin experiencia, mi esposa y yo podíamos, a veces, tener peleas que duraban varios días. Ahora entiendo y sé que hay una manera mejor de resolver las cosas. Sé que el envenenamiento viene de afuera. De inmediato me arrodillo en la sala y ato al espíritu que ha venido para destruir mi hogar. Clamo victoria en el nombre de Jesucristo y en seguida siento el tremendo poder de la sanidad de Cristo que fluye a través de mi hogar. Entonces, cuando miro a mi esposa, ella comienza a sonreír y yo también; nos estrechamos las manos y nuestro hogar se llena de paz. Usted necesita sanidad en su hogar de vez en cuando. Dios le ha prometido que usted no será dañado por ese veneno. Si clama la victoria en el nombre de Jesucristo, su hogar puede ser sanado.

Por último, la Biblia dice que pondrán sus manos sobre los enfermos y sanarán. Cuando era niño, algunas veces me peleaba con mis amigos, y de vez en cuando venía a mi casa llorando. Mi madre me daba primero una buena zurra, pero después siempre me acariciaba con el toque sanador de una madre que ama. Qué bien que nos sentimos cuando estamos desanimados y un amigo querido viene y nos toma la mano o nos da unas palmaditas cariñosas en la espalda. Jesucristo se le acerca y cuando él lo toca, usted recibe sanidad. Jesucristo no tiene un cuerpo físico, pero él quiere usar sus brazos, su boca y sus manos. Cuando usted pone sus manos sobre una persona enferma en el nombre de Jesucristo, el poder del Espíritu Santo fluye a través de sus manos hacia ese cuerpo y hay sanidad. La Biblia dice que cuando pone sus manos sobre el enfermo, este se recuperará. Esa es la Palabra de Dios.

Al año de estar casado, descubrí que mi esposa tenía un terrible caso de tuberculosis. Ya estaba embarazada, así que el médico me pidió permiso para hacerle un aborto, pero eso estaba en contra de mis creencias. Todos los días yo ponía mis manos sobre su cuerpo y sentía el poder del Cristo viviente fluyendo a través de ella, mientras yo clamaba victoria. Después de unos meses, ella se sanó por completo. Poco tiempo después que nuestro primer hijo nació, él comenzó a tener terribles ataques de tos y el médico no podía curarlo. Todas las noches tosía hasta ahogarse. El médico estaba bastante preocupado. Entonces, en el nombre de Jesucristo, puse mis manos sobre él y sentí que el poder sanador lo cubría. Una y otra vez cuando ponía mis manos sobre él, sentía que la vida de Cristo fluía hacia él, y pronto, para sorpresa de los médicos, mi hijo se sanó por completo.

La vida de Dios mora en usted; el Espíritu Santo mora en usted y cuando usted extiende sus manos en el nombre de Jesucristo, en amor y fe, el poder de Jesús fluirá y las personas se sanarán. Deje que el poder sanador de Cristo fluya como un río. Ese es otro privilegio del cristiano. La Biblia dice que esas cinco señales le seguirán, si usted cree. Levántese y clame la victoria. Use esas señales para el beneficio de sus vecinos y para traer liberación a los oprimidos, para la gloria de Dios. Dé una nueva esperanza, un nuevo lenguaje al desanimado. Discierna al maligno y échelo fuera. Esos son los privilegios del cristiano.

Capítulo 11

EL CRISTO DE AHORA
Juan 11:21-27

La Biblia nos dice en Hebreos 13:8 que «Jesucristo es el mismo ayer, y hoy, y por los siglos». La Biblia también dice que donde hay dos o tres reunidos en su nombre, él está en medio de ellos. Sí, Jesucristo está con nosotros.

En el oriente hay una religión que se llama taoísmo. El taoísmo enseña que como Dios es tan perfecto, tan puro y tan maravilloso, él debe estar a millones de kilómetros de distancia de la humanidad. Ese es un concepto equivocado de nuestro Dios. La Biblia nos dice que Dios es amor. Amor es más que tener simpatía hacia el que sufre. Nuestro Dios no es un Dios que solo siente simpatía. Sentir amor es estar tan consciente de la necesidad de nuestro prójimo que nos identificamos con su necesidad. Usted ama a sus hijos, por tanto, sufre con ellos; y cuando usted ama a sus vecinos, sufrirá con ellos también. Dios ama tanto a este mundo que dio a su Hijo unigénito para que sufriera por nosotros. Jesucristo es Dios hecho carne, y él vino en la carne para estar con los seres humanos. Nuestro Dios vino a este mundo y eligió ser pobre porque quería bendecir a los pobres. Él vino como hombre pero fue apartado por la sociedad. Conoció lo que es la soledad para poder confortar a los que están solos. Nuestro Dios fue azotado y conoció el dolor porque quería sentir compasión por los que están enfermos y sufren, y traer sanidad para ellos.

¿Ha pensado alguna vez en el hecho de que nuestro Dios fue un Dios abandonado? Cuando Jesucristo estaba colgado en la cruz gritó: «¡Dios mío, Dios mío! ¿Por qué me has abandonado!». Si usted se siente abandonado por sus parientes, por su familia o por sus amigos, entonces sabe que su Dios, que fue abandonado, está listo y a la espera de hacerse su amigo.

Nuestro Dios murió y resucitó de nuevo porque quería estar con nosotros en la vida y en la muerte. Dios es un Dios de amor, por tanto, no puede evitar el preocuparse por nosotros. Dios está con nosotros y podemos esperar milagros. Espere el milagro de la salvación, espere sanidades, espere que él vaya a satisfacer todas sus necesidades.

Examinemos juntos el pasaje de Juan 11:21-27. Jesús amaba el hogar de María, Marta y Lázaro. Toda vez que Jesús ascendía a Jerusalén, pasaba por Betania y visitaba el hogar de ellos, porque eran una familia que él amaba.

Un día, mientras Jesús ministraba junto al río Jordán, Lázaro volvió a su casa con una fiebre muy alta. Sus dos hermanas, Marta y María, estaban asustadas y en seguida lo llevaron a su habitación y trataron de bajarle la fiebre con toallas frías. Le dieron un buen masaje e hicieron todo lo posible para que recuperara su salud, pero él se puso cada vez peor. Vinieron varios médicos y todos diagnosticaron que su enfermedad no tenía esperanza de cura. Las hermanas no sabían qué hacer. Entonces se acordaron del Señor Jesús y le escribieron una carta diciendo: «Jesús, tu amado Lázaro está enfermo. ¡Ven cuanto antes!». Enviaron a alguien que corría muy rápido para que fuera al río Jordán a entregar la carta. Las hermanas estaban seguras de que Jesús vendría de inmediato y esperaban ansiosas su pronta llegada. Cada vez que escuchaban pasos pensaban que era Jesús. Cada vez que escuchaban el golpeteo de la puerta causado por el viento, salían corriendo pensando que era Jesús. Esperaron durante toda una larga noche. Pero él no vino y Lázaro, su hermano, murió.

Parecía que el mundo se les había venido abajo y que ya no quedaba ninguna esperanza. De repente, todo el mundo se tornó muy oscuro para estas dos hermanas que no tenían ni madre ni padre y ahora su único hermano, a quien ellas amaban y de quien dependían, estaba muerto. Perdieron toda esperanza. No deseaban comer ni cuidar sus apariencias. Las consumía el dolor. Los vecinos, viendo esa situación tan penosa, vinieron, arreglaron el sepelio y sepultaron a Lázaro en una tumba.

A los cuatro días, alguien vino al hogar de María y Marta y anunció: «Jesucristo viene. Está en las afueras del pueblo». Marta corrió para encontrarse con él, y deseando que Jesús la confortara, se postró ante él y comenzó a llorar. Ella estaba triste y herida porque Cristo no había venido antes; llena de dolor y de emoción Marta dijo: «Jesús, si hubieras estado aquí hace cuatro días, mi hermano no habría muerto».

Marta sintió una calma extraordinaria ante la presencia de Jesús, aunque él no parecía estar alegre. Por último, ella miró el rostro de Cristo y pudo leer pena y dolor en sus ojos. Marta sabía que había hecho una confesión equivocada. Jesucristo es AHORA, pero Marta había dicho: «Señor, si hubieras estado aquí hace cuatro días mi hermano no habría muerto». Marta hizo una confesión del Cristo en el pasado, y en tanto ella hiciera solo esta clase de confesión acerca de Jesús, él no podía trabajar en el presente. Cristo había venido para ayudar y cambiar la situación presente de Marta, pero ella estaba pensando solo en lo que Jesús podría haber hecho cuatro días antes.

La iglesia actual se encuentra en esa misma situación. Los cristianos leen la Biblia de hace dos mil años y se sienten felices con el Jesús de hace dos mil años, sin reconocer al Jesucristo que está junto a nosotros hoy. Mientras usted hable sobre el Jesucristo de hace dos mil años, él no puede obrar en su favor hoy. Cristo es AHORA, aquí entre nosotros, y él dijo: «Nunca los dejaré sin consuelo». Jesucristo está en medio de nosotros por el poder del Espíritu Santo AHORA.

Muchas personas preguntan: «¿Entonces por qué no vemos milagros ahora?». Es porque ellos solo reconocen al Jesús del pasado. Tal como Marta tuvo fe en el Jesús de cuatro días antes, así las personas, en la actualidad, solo reconocen al Jesucristo del pasado. Un Cristo histérico no puede hacer milagros ahora, pero alabado sea Dios, mi Jesús es el Cristo de AHORA. Él está entre nosotros, él está con usted ahora, él lo ama a usted ahora y le perdonará sus pecados ahora.

Hace veinte años, yo me estaba muriendo. No bien terminó la Guerra de Corea, yo estaba terriblemente enfermo con tuberculosis. Cuando visité al médico, él me tomó una radiografía de mi tórax y me dio el veredicto. Había perdido por completo la mitad de mi pulmón derecho, y el pulmón izquierdo estaba siendo infiltrado por la tuberculosis. Mi corazón se había dilatado tanto que no tenía la circulación de sangre apropiada. El médico me dijo que quizás tendría tres, a lo sumo cuatro meses de vida. Entonces dijo: «Joven, no se sienta mal por esto. Nadie vive más de cien años. Usted ahora tiene dieciocho, así que dentro de ochenta todos estaremos juntos en la tumba». Esa clase de explicación filosófica no me satisfizo del todo. Salí de esa oficina con un total desánimo y me fui a mi casa a morir. Mi soledad era terrible. No tenía ninguna esperanza y mi familia y mis amigos me dejaron solo para que muriera.

Hasta ese momento yo era un budista muy fiel. Visitaba el templo budista de manera regular y casi todas las mañanas meditaba y oraba a Buda. Traté, de todas las maneras posibles, de tener paz en mi corazón, pero cuando supe que me estaba muriendo, me di cuenta de que no había paz en mi alma. Era muy desdichado y me sentía sucio. Sabía que no estaba listo para morir. Mi religión no me brindaba nada. Desesperado, comencé a orar más fervientemente a Buda, pero todas esas cosas permanecían en mi mente y nada ocurría en mi alma. Por último, en completa desesperación, dejé de creer en Buda y comencé a clamar al Dios desconocido del universo. «Dios, si tú estás aquí en el universo, ven y ayúdame».

Pocos días después, Dios envió a su mensajera, pero cuando vino yo no la reconocí como la mensajera de Dios. Era una muchacha del último año de la escuela secundaria. Vino a mi hogar trayendo una Biblia y comenzó a testificarme acerca de Jesucristo. Su historia me parecía una tontería. Me habló sobre el nacimiento virginal de Cristo y a mí eso me sonaba a cuento de hadas. No le puse atención alguna. Cuando ella se fue, yo dije: «Alabado sea Buda, permite que ella no venga nunca más». Sin embargo, al día siguiente, a la misma hora, ella volvió, y así el día siguiente. (Cuando una persona joven está llena del Espíritu Santo, es muy persistente). Continuó viniendo durante más de seis días y yo estaba tan cansado de sus visitas que odiaba el solo verla. Un día me enojé mucho con ella, pero ella se arrodilló y comenzó a orar. Estaba clamando por mi alma y cuando miré su rostro, vi lágrimas rodando por sus mejillas. Cuando vi esas lágrimas, mi corazón se ablandó. A veces una cuantas lágrimas derramadas hablan más que las palabras más elocuentes. Sentí un sentimiento cálido en mi alma, y vi en ella el amor de Jesucristo, que es la diferencia entre el budismo y el cristianismo. No estaba todavía seguro si iría al cielo o al infierno, pero me convencieron el amor y la compasión de ella, por lo que dije: «Joven, pare de llorar. Reconozco su amor y su preocupación y quiero que usted se alegre antes de que yo muera. Quiero convertirme en un cristiano por usted». Ella se puso tan contenta que comenzó a gritar y a alabar a Dios.

Me dio su Biblia y me dijo: «Esta Biblia contiene la Palabra de Vida. Le ruego que la lea». Esa fue mi primera experiencia con la Biblia. La abrí en Génesis. Ella la tomó de mis manos y me dijo que comenzara por Mateo, porque si comenzaba por Génesis no tendría el tiempo suficiente para terminar de leerla. La abrió en Mateo y me la devolvió. Esperaba leer enseñanzas éticas y filosóficas pero me sorprendí cuando leí: «... Abraham engendró a Isaac, Isaac a Jacob, y Jacob a Judá...». Así que me estaba muriendo y ella me estaba enseñando a leer todos esos «engendró» que solo me deprimían aun más. La pronunciación era tan difícil que cerré la Biblia y exclamé: «No puedo leer esta clase de libro. Me hace sentir como si estuviera leyendo la guía telefónica». Ella solo me miró y me dijo: «¿Usted se queja porque un pescado tiene espinas?». Le respondí: «Claro que no. Yo saco las espinas y me como la carne». Entonces me dijo que la Biblia tiene una cantidad de espinas y que debía separarlas y comer la carne. Qué buen consejo.

Cuando leía la Biblia, aun cuando mi mente lógica se rebelaba, mi corazón estaba abierto. Para ese entonces necesitaba algo más grande que la ciencia médica, más grande que la religión, que la filosofía, que la simpatía humana. No descubrí nada de eso en la Biblia, pero encontré al Señor Jesucristo, el Hijo de Dios en persona. Él ama a los pecadores pero aborrece el pecado. Él aborrece la enfermedad, pero ama al enfermo. Él es el enemigo de Satanás, pero ama y ayuda a los que están poseídos por demonios. A través de la lectura de la Biblia, descubrí que Jesucristo no era un enemigo de los seres humanos, sino que él vino para destruir el pecado, la enfermedad y el demonio. Él vino para ayudar a la humanidad. En Jesucristo comencé a ver la esperanza maravillosa, en particular cuando leí acerca de que Cristo murió por mí en la cruz. ¡Cómo deseaba ser salvo, pero no sabía cómo!

La joven nunca más volvió y comencé a clamar: «Dios, quiero ser salvo pero no puedo ir a la iglesia ahora. ¿Cómo puedo ser salvo?». Entonces escuché una pequeña voz que me decía:

«Le has estado orando a Buda, ¿no es así? ¿Por qué no le oras a Jesucristo?».

Así que me arrodillé y oré: «Jesús, te ruego que vengas a mi corazón y que me ayudes. Si puedes salvarme y sanarme, obtendrás gran provecho de mí». (Traté de arrinconar al Señor para poder estar seguro de que me daría una respuesta). Pero había orado con toda sinceridad y tan pronto como dije eso, algo ocurrió en mi alma. En lo profundo de mi ser descendió una paz tremenda que comenzó a esparcirse. Una tibia sensación comenzó a apoderarse de mi corazón, fue a mi cerebro y calmó mi mente atormentada por mis temores. Por más de diez años oré y medité en Buda, pero todas las meditaciones y toda la «paz» fueron un manejo humano. Mi paz era solo una paz psicológica y temporal. Sin embargo, cuando le clamé a Jesucristo, una paz sobrenatural comenzó a fluir en mí, y me di cuenta de que estaba libre de temores. Ese sentimiento horrible desapareció y toda la culpa se fue. Supe que había sido aceptado por Cristo. No necesité que nadie viniera y me convenciera que estaba salvo; sabía que había experimentado la salvación.

La salvación es real. La salvación es más que una religión y más que rituales. Es una experiencia y yo sabía que había sido salvado. Comencé a saltar de alegría y quería cantar, pero en el budismo no hay salvación y no hay cantos de regocijo. En el budismo hay solo unos cantos extraños e inquietantes. Mucho tiempo después de finalizar esos cantos, permanece en nosotros un sentimiento de miedo. Sin embargo, con Jesucristo, cuando usted canta, su gloria llena el alma. Deseaba expresar el júbilo cantando pero no conocía ningún himno cristiano. Lo único que podía decir era: «Oh, algo ha ocurrido, algo ha ocurrido!». Por esa experiencia soy lo que soy hoy.

Si Cristo hubiera sido solo el Cristo de hace dos mil años, yo me hubiera ido a la tumba hace dieciocho años. Todo el mundo me dejó, pero Cristo vino y me ayudó. Ahora soy salvo, estoy sano, lleno con el Espíritu Santo y soy de él para servirlo. Reconozca al Jesucristo de ahora, no diga que Cristo es el Cristo de hace dos mil años. El amor de Dios le habla a usted ahora mismo. Dios desea quitarle el sufrimiento ahora mismo.

Marta se sorprendió de que Cristo se pusiera tan triste al escuchar sus palabras. Me gusta la manera en que ella cambió su confesión: «Jesús […] también sé ahora que todo lo que le pidas a Dios, Dios te lo dará». Jesucristo se alegró cuando escuchó la confesión de ella de un Jesucristo presente. Ahora él podía trabajar. Así que dijo: «Tu hermano resucitará». Pero Marta no podía todavía entender esa promesa. Como muchas personas, ella no reconoció por completo al Jesucristo del presente. Si reconocemos al Jesús presente, podemos esperar milagros ahora mismo.

Marta respondió: «Sí, Señor, mi hermano se levantará en la resurrección, en el último día». Marta empujaba a Jesús hacia el futuro. Primero, Marta lo empujó hacia el pasado; luego lo empujó hacia el futuro. Según ella, Cristo no tenía lugar en el presente. De modo que Jesús le dice: «Yo soy AHORA la resurrección y la vida».

Sin embargo, Marta respondió de una manera completamente diferente: «Sí, Señor; yo he creído que tú que eres el Cristo, el Hijo de Dios». Con esto Cristo se desanimó por completo. Marta era, ante sus ojos, un fracaso. Él no podía usarla, así que le dijo que regresara a su casa y que llamara a su hermana María. Jesús estaba convencido de que María diría lo correcto porque era una estudiante fiel de la Biblia y a menudo se sentaba a sus pies para aprender de él. Estaba seguro de que María vendría y lo reconocería como el Cristo de AHORA.

Marta corrió a su casa y dijo: «María, Cristo quiere verte». María estaba muy calmada y tranquilamente fue hacia donde se encontraba Jesús. Cristo estaba esperando, esperando que ella le diera una confesión del presente. María se acercó a Jesús, se arrodilló y dijo: «Si hubieras estado aquí hace cuatro días mi hermano no habría muerto». El corazón de Cristo estaba destrozado.

¿Es usted también esa clase de cristiano que solo reconoce al Jesucristo del pasado y del futuro? A menos que reconozca al Jesucristo de AHORA, le romperá el corazón a Cristo. ¡Tenemos pecadores ahora! ¡Observamos las obras del maligno ahora! ¡Tenemos un espíritu de temor ahora! ¡Jesucristo desea ayudarnos AHORA! Pero su pueblo lo lanza o al pasado o al futuro. Por eso las iglesias están vacías. Los jóvenes no desean escuchar solo teología. Los jóvenes desean tener un Jesucristo vivo. Nuestro Jesús está vivo y él lo salvará. Él traerá los cielos a la tierra porque está con nosotros AHORA.

El espíritu de Cristo estaba contristado cuando preguntó: «¿Dónde pusieron a tu hermano?». Las dos hermanas estaban llorando y los judíos se estaban riendo. Jesús se estremece en su espíritu y llora por la miserable condición de los cristianos incrédulos. ¿Por cuánto tiempo hará que Jesús llore por usted? ¿Está Jesucristo contento con usted o está llorando? Si usted vive en incredulidad, si sufre a causa de sus problemas, entonces los del mundo se burlarán de usted y los incrédulos le harán muecas y dirán: «¿Dónde está tu Dios?». La incredulidad hace llorar a Jesús, pero cuando creemos, su corazón se alegra.

Jesús les dijo a los que estaban allí: «Vamos a la tumba». Cuando llegaron a ella, Jesús señaló a Marta con el dedo y dijo: «Quiten la piedra». Marta miró a los judíos que le decían que no debía guitar la piedra porque Lázaro había estado allí muerto durante cuatro días y olería mal. Así que Marta miro a Cristo y le dijo: «Jesús, hiede ya». Jesús le dijo: «¡Marta! ¿No te he dicho que si crees, verás la gloria de Dios?». Marta estaba ante una difícil decisión; los judíos, por un lado, le pedían que no quitara la piedra. Por el otro, Cristo le pedía que lo hiciera. Marta y María estaban indecisas. ¿Debían obedecer el pedido del pueblo o debían creen en las palabras de Cristo?

Usted se enfrenta a decisiones a cada rato. Las personas dicen que la época de los milagros ya pasó. Jesucristo dice que la época de los milagros es ahora. Las personas del mundo le dicen que su problema ya está podrido y tiene mal olor. Jesucristo dice que su problema tiene solución. El mundo dice: «No crea semejante tontería». Jesucristo dice: «Cree y verás la gloria de Dios». Usted está en un momento de decisión: puede hacer una de dos cosas. ¿Cuál camino tomará: el de la incredulidad o el de la fe, el que conduce al desánimo o el que lo lleve a los milagros? Elija correctamente y Cristo obrará. Hasta que usted no tome la decisión correcta, Cristo no obrará. Esas dos hermanas estaban confundidas y no sabían qué hacer. Por fin, decidieron estar al lado de Jesucristo. Cuando esté del lado de Jesucristo, la gente se burlará de usted, pero no tema, porque el Cristo poderoso está con usted.

Entonces las dos hermanas trataron de mover la roca. La fe sin obras es muerta. Cristo no les ayudó a guitar la roca. Los incrédulos judíos no podían ayudarles a mover la roca. Esas dos hermanas débiles no habían dormido por cuatro días. Su gran dolor las había agotado físicamente. Pero Cristo les pidió que quitaran la piedra. La fe sin obras es muerta.

Un día, mientras leía el periódico, vi una foto de una madre llorando porque su hijo se estaba muriendo por un problema del corazón. El gobierno norteamericano lo había llevado a Estados Unidos para operarlo, pero como el estado de su corazón era incurable, no pudieron ayudarlo y lo enviaron de regreso a Corea para que muriera. Cuando leí acerca de esa madre quebrantada por el dolor, le pedí que viniera a mi oficina. Cuando ella vino, le dije: «Yo tengo un médico buenísimo. En realidad, él es mucho mejor que los médicos en Estados Unidos, y si viene a mi iglesia el domingo, pudiera presentárselo». Con escepticismo, ella replicó: «¿Me está diciendo la verdad?». Yo le dije: «Claro que sí, traiga a su hijo con usted y le mostraremos al médico». Al domingo siguiente, ella estaba sentada en el culto y yo prediqué acerca de Jesucristo. Después del sermón, Dios me dio una visión. Vi al muchacho completamente sano. Se había levantado y estaba corriendo. Ese muchacho estaba tan débil que no podía ni estar parado, así que yo estaba un poco asustado. Tuve que tomar una decisión y determiné estar del lado de Jesucristo. (Los domingos por la mañana tenemos cerca de diez mil personas en la congregación). Señalé al joven y dije: «¡En el nombre de Jesucristo, levántate y corre!». Él no podía ni siquiera escucharme y su madre exclamó: «No, no, él no puede pararse. Ni aun los médicos norteamericanos pudieron curarlo». Todos en la numerosa congregación estaban mirando y sentí vergüenza. Dije: «Pero mi médico Jesucristo lo está sanando, ¡levántese y corra!». La madre dijo: «No, no, él no está sano». Yo repliqué: «Cristo le está dando la promesa de sanidad, levántese y venga aquí».

Por fin el muchacho se levantó. Con mucho trabajo dio un paso, y luego el segundo y algunos más. De pronto el poder de Dios lo llenó y comenzó a correr; corrió hacia la plataforma, sano por completo. Ahora va a la escuela. Hace poco tiempo su madre vino a verme y me dijo cuánto le agradecía a Dios por ese milagro maravilloso.

Crea en Dios y obre según su Palabra, y verá milagros. Si no sigue la Palabra de Dios y obra según ella lo indica, su fe está muerta. A veces Jesús le pide que mueva una piedra. Lo que usted puede hacer, debe hacerlo; lo que no puede hacer, Jesucristo lo hará por usted.

María y Marta estaban luchando con la roca, pero la roca no se movía. Parecía que no había forma de guitar esa piedra, pero con determinación y esfuerzo, al final lo lograron. Cuando el hedor salió del sepulcro, Cristo se acercó y parándose frente a él, alabó a Dios por la fe de ellas y ordenó: «Lázaro, ¡ven fuera!». Y Lázaro salió.

Cristo lo está llamando a usted ahora. ¿Necesita sanidad? ¿Necesita salvación? ¿Necesita recibir el bautismo en el Espíritu Santo? Cuando Lázaro salió estaba vivo, pero atado con la mortaja. Hay muchos cristianos en la iglesia que están vivos, pero atados por vestiduras de muerte. Muchos de ustedes están atados con esas vestiduras: atados por la enfermedad, el desánimo y los malos hábitos. Tal como Jesucristo les dijo a aquellos parados frente a la tumba vacía: «Desatadle y dejadle ir». Él le pide que se libere de sus ataduras. En el nombre de Jesucristo usted puede ser libre.

Lázaro salió para ser libre y vivir. Eso mismo hace Jesús con usted ahora. Él no ha cambiado; Jesucristo es el mismo ayer, hoy y por siempre.

¿Reconocerá usted al Jesucristo de AHORA? ¿Creerá en su Palabra y la seguirá? Si es así, habrá milagros. Esta es la hora de los milagros. Esta es la hora de la gloria. Esta es la hora de la liberación y usted puede ver al Cristo viviente manifestado en su poder y gloria.

Capítulo 12

El poder de bendecir a otros
1 Pedro 3:8-9

Nuestros idiomas orientales no tienen formas adecuadas para pronunciar bendiciones sobre otros como ocurre con muchas frases maravillosas que tienen los idiomas occidentales. Por ejemplo: «Dios te bendiga», es el saludo más común entre los cristianos.

Hay un gran poder en esas palabras de bendición. Bendecir significa: (1) hacer santo o completo mediante palabras habladas, (2) pedir el favor de Dios para alguna situación o condición, (3) desearle bien a una persona o situación, (4) hacer feliz o próspero, y (5) alegrar, glorificar y alabar. Podríamos sencillamente decir que bendecir significa traer el bien a una situación, una condición o una persona.

Debiéramos ser muy cuidadosos sobre cuál tipo de bendición pronunciamos sobre los demás o sobre una situación, porque tarde o temprano, el poder de esa bendición dará fruto y resultados. Deseo explorar esta verdad con ustedes. Hay varios puntos que considerar.

En primer lugar, la bendición cambia las circunstancias. En el Antiguo Testamento vemos cómo Jacob y Esaú compitieron por recibir la bendición de la boca de su padre Isaac. Ellos sabían muy bien que la bendición de la boca del escogido de Dios siempre traía los resultados esperados. Por esa razón, Jacob y Esaú compitieron para recibirla. Jacob se disfrazó y se vistió como Esaú y le hizo creer a su padre que él era el hijo primogénito. De modo que fue a ver a su padre Isaac, que estaba casi ciego, y recibió todas las bendiciones que en realidad le pertenecían a su hermano mayor. Esaú estaba enojado y quería matar a su joven hermano Jacob. Cuando continúa leyendo la vida de Jacob, descubrirá que él recibió todas las bendiciones del hijo primogénito. Heredó todas las bendiciones de Abraham e Isaac, convirtiéndose así en el heredero de sus antepasados. Por esa causa, Dios se refiere algunas veces a sí mismo como «el Dios de Abraham, el Dios de Isaac y el Dios de Jacob». Por tanto, a través de todo el Antiguo Testamento vemos que las personas tenían mucho cuidado al pronunciar bendiciones o maldiciones. Dios velaba por sus palabras y a menudo llevaba a cabo exactamente lo que pronunciaba la boca del vaso escogido de Dios.

Leí la historia de una mujer que, mediante el poder propio de una bendición, cambió a su esposo. Este le era infiel y solo venía a su casa dos meses al año, en el invierno. Durante la primavera, el verano y el otoño dejaba el hogar y se iba a trabajar a las minas. Allí gastaba todo su dinero y su tiempo. No aportaba ninguna ayuda económica a su familia. Durante mucho tiempo, ella lo maldijo con toda clase de malas palabras. Con el paso del tiempo su esposo empeoró y la abandonó a ella y a sus hijos por completo.

Un día, ella conoció el evangelio de Jesucristo y se convirtió al cristianismo. Por medio de la lectura de la Biblia, se dio cuenta de que Jesucristo no quería que ella maldijera a su esposo, porque la Biblia dice que en vez de maldecir debemos bendecir. De modo que comenzó a poner en práctica la Palabra de Dios y en vez de maldecir a su esposo, lo bendecía desde la mañana hasta la noche. Ella bendecía a su esposo tanto en lo personal como en sus negocios, y además oraba por él. Poco a poco, hubo un cambio tremendo en la vida de él. De repente, comenzó a escribirle cartas amorosas y agradables. Después le escribió que había encontrado un buen trabajo y que comenzaría a ayudar a su familia. En esa él incluyó un cheque. Ella estaba contentísima y continuó bendiciendo a su esposo y su negocio. Él comenzó a prosperar y la cantidad que aparecía en los cheques que ella recibía, crecía cada vez más. Luego, por fin, él decidió buscar un trabajo en la ciudad para poder estar en su casa. Por el pronunciamiento de sus bendiciones, el esposo cambió, regresó al hogar y se convirtió en un marido fiel y en un maravilloso padre para sus hijos.

Experiencias como esta pueden ocurrir en nuestra vida diaria. Si la bendición no diera resultados, Dios no pudiera pedirnos: «Bendecid a los que os persiguen; bendecid, y no maldigáis» (Romanos 12:14). Esta es una orden de Dios. Dios solo nos da palabras para nuestro beneficio. El Señor siempre está observando las palabras de bendición que proceden de nuestra boca y se asegura de que esas palabras se cumplan y den fruto. Por esa razón debemos pronunciar siempre bendiciones sobre nuestros hermanos y hermanas en Cristo, sobre nuestros parientes, así como también sobre nuestros enemigos y sobre nuestras circunstancias, de esa manera Dios puede llevar a cabo el poder de su bendición.

Emmet Fox escribió acerca del poder de las palabras de bendición de la manera siguiente:

Bendiga una cosa y ella lo bendecirá. Maldígala y lo maldecirá. Si pone su juicio de condena sobre algo en la vida, le devolverá el golpe y lo lastimará. Si bendice una situación, esta no tendrá poder para herirlo, y aunque sea algo difícil por un tiempo, gradualmente desaparecerá, y si la bendice con sinceridad, ella se convertirá en una bendición para otros o para la situación.

En segundo lugar, cuando bendice, se convierte en alguien

preparado para heredar bendiciones. La Biblia dice en Primera Pedro 3:9: «no devolviendo mal por mal, ni maldición por maldición, sino por el contrario, bendiciendo, sabiendo que fuisteis llamados para que heredaseis bendición».

Si usted bendice a un país, Dios lo bendecirá a usted con alguna de las bendiciones con las que bendice a ese país. La Biblia promete en Génesis 12:1-3:

> *Pero Jehová había dicho a Abram: Vete de tu tierra*
> *y de tu parentela, y de la casa de tu padre, a la tierra*
> *que te mostraré. Y haré de ti una nación grande,*
> *y te bendeciré, y engrandeceré tu nombre, y serás*
> *bendición. Bendeciré a los que te bendijeren, y a los*
> *que te maldijeren maldeciré; y serán benditas en ti*
> *todas las familias de la tierra.*

Dios le prometió a Abram con claridad: «Bendeciré a los que te bendijeren, y a los que te maldijeren maldeciré». Así, a través de la historia de la humanidad, los países que han desafiado a la nación judía fueron maldecidos y destruidos. Los alemanes nazis masacraron a seis millones de judíos y debido a que ellos maldijeron a los judíos, fueron destruidos por Dios. Sí, a través de toda la historia aquellos países que maldijeron o pelearon en contra de la nación judía han decaído y han sido destruidos. Por miles de años la nación judía ha permanecido firme. Sí, es la promesa de Dios que si bendecimos a la nación judía, Israel, Dios nos bendecirá en la misma proporción en que nosotros los bendecimos a ellos. Por esa razón debemos bendecir a Israel, orar por la paz de Israel y bendecir al pueblo judío para que Dios pueda llevar a cabo su voluntad y su propósito en esa nación.

No solo bendiga a un país, sino pídale a Dios que bendiga a las personas. Es parte de la naturaleza humana maldecir a los que prosperan y tienen éxito. Las personas se ponen celosas y les resulta difícil bendecir a los que han tenido éxito en su vida. Los critican y maldicen, o hablan mal de ellos. Cuando Dios bendice a alguien, no es para que usted lo critique o lo maldiga. Si usted lo maldice, la Biblia dice que Dios lo maldecirá a usted. Si ve a alguien bendecido por el poder de Dios, continúe bendiciéndolo, y la bendición también vendrá sobre su vida. Esta es una promesa de Dios, así que no maldiga, sino bendiga para que pueda heredar las bendiciones de Dios.

No solo bendiga a un país o a las personas, bendiga también sus circunstancias, aun cuando el medio o las circunstancias estén en contra de sus planes o deseos. Continúe bendiciéndolas hasta que ellas cambien. Recuerde lo que ha leído: si maldice una cosa, ella lo maldecirá a usted; si la bendice, entonces ella lo bendecirá.

Mi hermano menor estaba en el negocio de venta de telas desde hacía mucho tiempo y me contó esta experiencia. Él bendecía las telas cuando parecía que no se vendían bien. Y cuando las bendecía, por lo general se vendían más rápido. Cuando me dijo esto, yo me reí, pero con el tiempo Dios abrió mis ojos y comencé a darme cuenta de que esta era la verdad bíblica. Desde entonces, bendigo aquellas circunstancias que son difíciles. Al hacerlo, el poder de Dios obra y la situación cambia. Practique este verdadero regalo de Dios y descubrirá que cosas maravillosas ocurren en su vida.

En tercer lugar, no debiéramos solo bendecir a un país, a las personas y las circunstancias o las cosas, debiéramos bendecir también a nuestro Dios. El Salmo 103:1-5 nos dice:

Bendice, alma mía, a Jehová,
Y bendiga todo mi ser su santo nombre.
Bendice, alma mía, a Jehová,

Y no olvides ninguno de sus beneficios.
El es quien perdona todas tus iniquidades,
El que sana todas tus dolencias;
El que rescata del hoyo tu vida,
El que te corona de favores y misericordias;
El que sacia de bien tu boca
De modo que te rejuvenezcas como el águila.

Algunos pueblos, en especial los países del Oriente, encuentran muy divertido que los cristianos bendigan a Dios. Piensan que Dios es ya una persona bendecida, así que ¿por qué es que los cristianos bendicen a Dios? Sin embargo, la Biblia nos dice con claridad que bendigamos a nuestro Dios porque esta es la voluntad de Dios, y a través de nuestras bendiciones, Dios nos da a conocer su revelación y poder de una manera aun más vívida. De manera que, en vez de seguir nuestro propio razonamiento, debiéramos obedecer la enseñanza de la Palabra de Dios. David bendijo a Dios y nosotros sabemos que él, a su vez, fue bendecido en gran medida por Dios. Comencemos a bendecir a nuestro Padre celestial, a su Hijo Jesucristo y a la presencia del Espíritu Santo. Con facilidad podemos decir: «Bendecimos a nuestro Padre celestial, bendecimos a Jesucristo. Bendecimos al maravilloso Espíritu Santo», y cuando hacemos esto, Dios de inmediato abrirá las puertas de su bendición sobre nuestra vida.

La Biblia nos muestra que recibimos una bendición triple cuando bendecimos a Dios. La primera de esas bendiciones es el perdón de pecado. Muchas personas han asistido a la iglesia por mucho tiempo pero todavía no han experimentado el verdadero perdón de sus pecados. La verdad maravillosa de la gracia redentora de nuestro Señor Jesucristo no les ha sido aún revelada. Pero cuando ellas comienzan a bendecir el amor de Jesucristo y su gracia redentora, el poder del Espíritu Santo trae la revelación de la verdad y el significado de la cruz de Cristo a su corazón. Entonces pueden entender y experimentar el verdadero perdón de sus pecados. Por lo tanto, comience a alabar y a bendecir la gracia redentora de nuestro Señor Jesucristo.

A veces los que están enfermos y sufren diversas dolencias, se quejan de continuo por el dolor y por no poder usar su cuerpo con libertad. Pero en vez de rezongar y quejarse, la Biblia nos dice que alabemos a nuestro sanador, a Jesucristo. Primero comience bendiciendo el poder sanador de Cristo. Dios prometió que nos tocaría con su poder sanador. Bendiga el nombre de nuestro Señor, bendiga su maravilloso nombre y entonces él lo sanará. Cuando comience a bendecir y alabar al Dios sanador y al poder sanador de nuestro Señor Jesucristo, verá que se manifiestan mayor cantidad de sanidades entre nosotros los cristianos.

Debemos bendecir a Dios por los diferentes dones en nuestra vida. El salmista dice que bendigamos a Dios porque él es «el que rescata del hoyo tu vida, el que te corona de favores y misericordias» (Salmo 103:4). Muy a menudo las personas se niegan a bendecir y alabar a Dios en su vida diaria y como consecuencia no experimentan la buena voluntad de Dios. No se queje, no sea negativo, no hable en forma negativa o se queje pronunciando una maldición. Comience a bendecir a Dios y a darle gracias por todas las bondades que él le ha dado. Bendiga el nombre del Señor sin cesar y pronuncie una bendición sobre sus circunstancias. Entonces comenzará a regocijarse en las tremendas y tiernas misericordias de Dios, y el poder del Señor lo hará prosperar a usted en todo lo que emprenda.

No es difícil bendecir a otros con palabras, pero esas bendiciones deben ser hechas con un corazón sincero y honesto. De ese modo las diversas circunstancias y condiciones personales estarán bajo el gran poder de Dios. No se vuelva negativo y amargado. No importa en qué situación se encuentre, sea positivo; pronuncie bendiciones y espere siempre el bien. Seguro que Dios llevará a cabo esas poderosas promesas a través suyo.

La mayoría de las personas han perdido el arte de bendecir. Bendiga a Dios, bendiga a las circunstancias, bendiga a los demás… todas ellas serán, al final, bendiciones maravillosas que le serán devueltas, apretadas, remecidas y rebosando. En vez de quejarnos y maldecir, tomemos la decisión de agradecer a Dios y pronunciemos bendiciones continuamente, de manera tal que podamos convertirnos en los herederos de las bendiciones de Dios a través de toda nuestra vida; no solo de manera personal, sino también para nuestras familias, nuestros vecinos y en todas nuestras circunstancias.

Padre celestial, te damos gracias por todas las bendiciones que nos has conferido. Bendecimos tu maravilloso nombre hoy y siempre. Sea tu gran nombre siempre elevado en todo lugar. Lo pedimos en tu santo nombre. Amén.

Capítulo 13

CUANDO EL SUFRIMIENTO ES UNA BENDICIÓN
Génesis 50:15-21

Por lo general, las personas se desaniman cuando sus sueños ambiciosos chocan contra dificultades y se hacen añicos. Por supuesto que es comprensible que los no creyentes se sientan de esa manera, pero los cristianos, los hijos de Dios, no debemos reaccionar así. Debemos ser diferentes. Para el creyente, cada prueba o sufrimiento lleva en sí la semilla de la bendición.

No hay duda de que las personas no desean sufrir. Sin embargo, si usted no pierde la visión de su sueño cuando pasa a través de un valle de pruebas, y si persiste y continúa aun a pesar de su desánimo, entonces descubrirá que las pruebas se convierten en el vehículo más efectivo con el cual llegar a su destino con rapidez.

Los sueños, el sufrimiento y las bendiciones son tres hermanos que siempre trabajan juntos. Descubrimos esta verdad en la vida de José. Ahora veamos su vida. Podemos leer sobre los dos sueños de José en Génesis 37:5-11.

> *Y soñó José un sueño, y lo contó a sus hermanos;*
> *y ellos llegaron a aborrecerle más todavía. Y él les*
> *dijo: Oíd ahora este sueño que he soñado: He aquí*
> *que atábamos manojos en medio del campo, y he*

aquí que mi manojo se levantaba y estaba derecho,
y que vuestros manojos estaban alrededor y se
inclinaban al mío. Le respondieron sus hermanos:
¿Reinarás tú sobre nosotros, o señorearás sobre
nosotros? Y le aborrecieron aun más a causa de
sus sueños y sus palabras. Soñó aun otro sueño,
y lo contó a sus hermanos, diciendo: He aquí
que he soñado otro sueño, y he aquí que el sol y
la luna y once estrellas se inclinaban a mí. Y lo
contó a su padre y a sus hermanos; y su padre le
reprendió, y le dijo: ¿Qué sueño es este que soñaste?
¿Acaso vendremos yo y tu madre y tus hermanos
a postrarnos en tierra ante ti? Y sus hermanos le
tenían envidia, mas su padre meditaba en esto.

Debido a esos sueños, los hermanos de José lo malinterpretaron. Cada día que pasaba, ellos lo odiaban aun más y se enojaban cada vez más con él.

Durante el verano, sus hermanos iban al campo para alimentar los rebaños de su padre. Un día Jacob llamó a José y le pidió que fuera al campo para ver si sus hermanos estaban cuidando bien los rebaños. Y José fue al campo a buscar a sus hermanos. Allí comenzó el problema. Por lo general, cuando hay un hombre que tiene grandes sueños y esperanzas, los que no tienen ambiciones, o las han perdido, lo odian. Cuando leemos Génesis 37:18-20 vemos que esto es lo que ocurre en la vida de José:

Cuando ellos lo vieron de lejos, antes que llegara
cerca de ellos, conspiraron contra él para matarle.
Y dijeron el uno al otro: He aquí viene el soñador.
Ahora pues, venid, y matémosle y echémosle en una

cisterna, y diremos: Alguna mala bestia lo devoró; y
veremos qué será de sus sueños.

Ellos pensaron que podían conspirar contra José y no solo destruirlo a él, sino también a sus sueños. Es tonto tratar de luchar en contra de los sueños y las visiones que son dadas por Dios; ellas nunca podrán ser destruidas.

Por lo general, cuando usted comienza a tener sueños, tendrá asimismo persecución y sufrimiento. En la actualidad, escuchamos constantemente, a través de los medios masivos de comunicación, acerca de la empresa petrolera Yong II. Cuando usted lee la verdadera historia detrás de esas noticias, descubre a un hombre, el señor Chung Sung Yub. Ese hombre ha estado buscando petróleo por más de diecisiete años. Todo el mundo pensó que estaba loco, pero en medio de la persecución de sus familiares y amigos, y a pesar de la burla de todo el pueblo, él nunca desistió sino que continuó su trabajo por más de diecisiete años. Él le suplicó al gobierno durante más de siete años que lo ayudara, hasta que por fin el gobierno aceptó sus súplicas y de manera oficial envió hombres a hacer perforaciones en busca de petróleo. Por fin, el año pasado, en noviembre o diciembre, descubrieron petróleo. Como vemos, todo aquel que comience a realizar un trabajo a causa de un sueño o una visión, será malinterpretado y puede hasta sufrir persecución. Ahora, gracias a este hombre de espíritu perseverante, Corea podrá convertirse con rapidez en un país productor de petróleo. En Deuteronomio 33:19 leemos:

Llamarán a los pueblos a su monte;
Allí sacrificarán sacrificios de justicia,
Por lo cual chuparán la abundancia de los mares,
Y los tesoros escondidos de la arena.

¿Cuál es el tesoro escondido en la arena? Es el oro negro, el petróleo. Usted conoce las promesas de la Biblia, de que si nos unimos y llamamos a las personas de todo el mundo y damos el sacrificio de justicia, que significa darles el evangelio de Jesucristo y la adoración de Jesús, entonces Dios nos dará el poder y la bendición para extraer las riquezas de las bendiciones en el mar y en la arena. De modo que si continuamos bendiciendo al Señor y sirviéndole, él abrirá una puerta ancha para que el pueblo coreano pueda desarrollar el campo de petróleo y extraer mucho petróleo para la gloria de Dios. Oro todos los días para que se descubran otros campos de petróleo en Corea para bien del evangelio de Jesucristo, y estoy seguro de que Dios nos bendecirá en eso mientras mantengamos nuestra fe en él.

Recuerde que cuando viene el sufrimiento, siempre se convierte en el vehículo para nuestros sueños. Si no tenemos sueños, entonces el sufrimiento puede venir y destruirnos; pero mientras mantengamos nuestro sueño ardiendo en nuestra alma, el sufrimiento vendrá, pero como vehículo para nuestros sueños.

Observemos de nuevo la vida de José. Sus hermanos lo ataron y lo lanzaron a un pozo seco. Le quitaron la ropa y lo dejaron desnudo. Un poco más tarde, unos mercaderes madianitas pasaron por allí. Los hermanos de José se reunieron y discutieron la idea de venderlo a los madianitas. Fue así que ellos vendieron a su hermano por veinte monedas de plata y los mercaderes madianitas tomaron a José y lo llevaron a Egipto como esclavo; desnudo, pero todavía aferrado a sus sueños.

¿Por qué le dio Dios a José esos sueños tan increíbles? ¿Sabe usted que el don más grande que puede poseer un hombre son sus sueños? Ya que esto es así, nuestro Dios le permitió a José albergar sueños en su corazón. Muchas personas piensan que José era alguien que había sido traicionado y vendido por sus hermanos a los egipcios, pero nosotros podemos ver con ojos ungidos, que fue Dios quien envió a José a Egipto. A pesar de que él estaba desnudo, sus sueños se hicieron realidad mediante las pruebas y los sufrimientos.

Si usted tiene un sueño, no tenga temor al sufrimiento, porque ese sufrimiento es el mejor vehículo para que usted alcance su destino. Cuando vengan las pruebas y los sufrimientos, alabe al Señor y dele gracias porque el sufrimiento es la máscara de la bendición de los ángeles de Dios.

Observemos las pruebas de José. Cuando fue llevado a Egipto, lo vendieron en seguida como un esclavo para la casa de Potifar, el capitán de la guardia, un oficial del rey de Egipto. Primero, él fue vendido como esclavo por sus hermanos. Ahora vemos a José montado en el vehículo de la esclavitud en Egipto para que su sueño se cumpla algún día.

Mientras trabajaba en la casa de Potifar, Dios bendijo a José, y todo lo que José tocaba comenzaba a prosperar. Potifar se dio cuenta de esto y le dio a José poder. Este poder lo llevó a ser el administrador de todos los asuntos de Potifar y a estar a cargo de todos sus siervos. El problema vino cuando la esposa de Potifar puso sus ojos lujuriosos sobre José y le pidió que viniera y durmiera con ella. José se negó a sus reclamos. Un día, José entró a la casa de Potifar para hacer su trabajo. En ese momento no se encontraba nadie allí. De repente, la esposa de Potifar vino y se agarró de la ropa de José y le pidió que viniera y durmiera con ella. Espantado, José huyó de ella, pero ella se colgó de su ropa y esta quedó en sus manos.

Así fue como comenzó la tribulación de José, quien fue acusado falsamente de pedirle a la esposa de Potifar que durmiera con él. Cuando José huyó, ella comenzó a gritar y todos vinieron para ver qué había ocurrido. Ella dijo: «Miren a ese siervo hebreo. Mi esposo trajo a ese hebreo como un esclavo y él quiso burlarse de nosotros. Vino a mí para dormir conmigo, así que grité y él se fue dejándome con su ropa en mi mano. Miren, aquí está su ropa». Después de ver la ropa en la mano de ella, nadie lo pudo negar. José no tenía cómo excusarse a sí mismo, así que lo agarraron y lo pusieron en la cárcel.

Una vez más, José se vio forzado a tomar el vehículo de la falsa acusación. Sin embargo, ese vehículo lo llevó aun más cerca del cumplimiento de su sueño. Muchas personas pensarían que José tuvo gran cantidad de problemas y de infelicidad durante su vida, pero en realidad, cuando miramos la vida de José en la revelación del Espíritu Santo, encontramos que se dirigió, por medio de todas esas pruebas, hacia el cumplimiento de su destino. Ahora él estaba un paso más cerca.

En tercer Lugar, José fue puesto en la cárcel donde se encontraban los prisioneros del rey y allí se hizo amigo del copero y del panadero del rey. El copero y el panadero estaban en la cárcel por haber ofendido al Faraón. Allí José hizo tan buen trabajo que Dios lo bendijo de manera maravillosa y el encargado de la prisión lo puso a cargo de todos los presos.

Le dio permiso también para que sirviera al copero y al panadero del rey. Un día, cuando fue a donde estaban el copero y el panadero, encontró que estaban tristes. Cuando José les preguntó la razón, el copero le contó el sueño que había tenido: «Yo soñaba que veía una vid delante de mí, y en la vid tres sarmientos; y ella como que brotaba, y arrojaba su flor, viniendo a madurar sus racimos de uvas. Y que la copa de Faraón estaba en mi mano, y tomaba yo las uvas y las exprimía en la copa de Faraón, y daba yo la copa en mano de Faraón».

En seguida José le explicó el sueño: «Esto significa que en tres días serás restablecido a tu antigua posición y de nuevo servirás al rey con la copa».

Al escuchar esto, el panadero se llenó de gozo porque él había soñado la misma clase de sueño, y le contó a José el suyo:

«También yo soñé que veía tres canastillos blancos sobre mi cabeza. En el canastillo más alto había de toda clase de manjares de pastelería para Faraón; y las aves las comían del canastillo de sobre mi cabeza». José le dijo: «Dentro de tres días serás colgado de un árbol y las aves comerán tu carne». A los tres días fue el cumpleaños de Faraón, y todo sucedió exactamente como José lo había interpretado.

Cuando sacaron al copero de la cárcel, José le suplicó que le explicara su situación a Faraón para que él pudiera ser sacado de la cárcel, ya que lo habían acusado falsamente. Sin embargo, por más de dos años, el copero se olvidó por completo de José. Sí, de nuevo, José se vio forzado a tomar el vehículo de la paciencia hasta que el rey lo llamó para que le explicara su sueño. Esa oportunidad vino una noche cuando Faraón soñó algo que lo turbó mucho. Ese sueño está registrado en Génesis 41:1-7:

Aconteció que pasados dos años tuvo Faraón un sueño. Le parecía que estaba junto al río; y que del río subían siete vacas, hermosas a la vista, y muy gordas, y pacían en el prado. Y que tras ellas subían del río otras siete vacas de feo aspecto y enjutas de carne, y se pararon cerca de las vacas hermosas a la orilla del río; y que las vacas de feo aspecto y enjutas de carne devoraban a las siete vacas hermosas y muy gordas. Y despertó Faraón. Se durmió de nuevo, y soñó la segunda vez: Que siete espigas llenas y hermosas crecían de una sola caña, y que después de ellas salían otras siete espigas menudas y abatidas del viento solano; y las siete espigas menudas devoraban a las siete espigas gruesas y llenas. Y despertó Faraón, y he aquí que era sueño.

Faraón llamó a todos los magos y sabios de Egipto y les pidió que explicaran el sueño, pero ninguno pudo. Entonces el copero recordó su experiencia dos años atrás y le habló al rey acerca de José, el antiguo esclavo hebreo de Potifar. El rey mandó que sacaran a José de inmediato de la cárcel y que lo trajeran ante él. Así José, libre, vestido con maravillosos vestidos nuevos, fue llevado ante Faraón. Allí José interpretó el sueño. Las Escrituras registran esto en Génesis 41:25-36:

> *Entonces respondió José a Faraón: El sueño de Faraón es uno mismo; Dios ha mostrado a Faraón lo que va a hacer. Las siete vacas hermosas siete años son; y las espigas hermosas son siete años: el sueño es uno mismo. También las siete vacas flacas y feas que subían tras ellas, son siete años; y las siete espigas menudas y marchitas del viento solano, siete años serán de hambre. Esto es lo que respondo a Faraón. Lo que Dios va a hacer, lo ha mostrado a Faraón. He aquí vienen siete años de gran abundancia en toda la tierra de Egipto. Y tras ellos seguirán siete años de hambre; y toda la abundancia será olvidada en la tierra de Egipto, y el hambre consumirá la tierra. Y aquella abundancia no se echará de ver, a causa del hambre siguiente la cual será gravísima. Y el suceder el sueño a Faraón dos veces, significa que la cosa es firme de parte de Dios, y que Dios se apresura a hacerla. Por tanto, provéase ahora Faraón de un varón prudente y sabio, y póngalo sobre la tierra de Egipto. Haga esto Faraón, y ponga gobernadores sobre el país, y quinte la tierra de Egipto en los siete años de la abundancia. Y junten toda la provisión de estos*

*buenos años que vienen, y recojan el trigo bajo
la mano de Faraón para mantenimiento de las
ciudades; y guárdenlo. Y esté aquella provisión
en depósito para el país, para los siete años de
hambre que habrá en la tierra de Egipto; y el país no
perecerá de hambre.*

Cuando José explicó esta verdad, Faraón se llenó de júbilo y se quedó impresionado de la sabiduría de José. Así que lo nombró para que fuera el segundo gobernador de Egipto. Como ve, todas aquellas pruebas y sufrimientos fueron los vehículos a través de los cuales, paso a paso, José llegó al lugar donde por último fue nombrado como gobernador de Egipto, superado solo por el Faraón.

Si usted tiene un sueño y busca ese sueño con paciencia y fe, nunca tendrá que temer a los sufrimientos, las pruebas y las dificultades. Sus sueños se cumplirán cuando usted se suba a los vehículos de los sufrimientos, las pruebas y la tribulación. Cuando llegan pruebas difíciles, muchas personas chillan, gritan, claman y oran toda la noche para que Dios las libre de la tribulación que tienen ante ellas. Otras, sin embargo, que han experimentado la manera de tratar del Señor, no reaccionan así. Ellas alaban a Dios y le dan gracias al Señor porque el sufrimiento viene con la semilla de la bendición de Dios. Si se persiste en medio de las dificultades y las pruebas, cada sufrimiento al final se convertirá en una bendición tremenda. ¡Amén!

Observemos la actitud de José. Jacob, su padre, y todos sus hermanos fueron a Egipto para vivir allí. Después de la muerte de Jacob, sus hermanos estaban temerosos de que José se vengara de ellos. Entonces José los llamó a todos y les dijo: «Vosotros pensasteis mal contra mí, mas Dios lo encaminó a bien, para hacer lo que vemos hoy, para mantener en vida a mucho pueblo».

Considere la confesión de fe de José. Él dijo: «Vosotros pensasteis mal contra mí, mas Dios lo encaminó a bien». Sí, si usted tiene fe en Dios y si mantiene su sueño, entonces aun cuando la situación y las circunstancias se presenten en su contra, Dios puede intervenir y hacer que esas cosas obren a su favor. Sí, todas las cosas obran para el bien de los que confían en el Señor. José mantuvo una actitud correcta en medio de todas sus pruebas. Él sabía que Dios deseaba su bien porque tenía la visión de Dios y el sueño de Dios en su corazón. Por eso, no estaba ni desanimado ni abatido en medio de sus sufrimientos. Cuando fue traicionado por sus hermanos y enviado a Egipto a la corta edad de diecisiete años, no estaba desanimado porque sabía que Dios obraría en todas las cosas para su bien. Cuando fue acusado falsamente en la casa de Potifar y lo enviaron a la cárcel, no se angustió porque sabía que estaba montado en el vehículo del sufrimiento y de las pruebas que lo llevarían a su destino.

Así que recuerde: Todo sufrimiento y toda prueba tienen escondidos en sí semillas de bendición, cuando las recibe con alabanza. No tema a los fracasos pasajeros o a los aparentes contratiempos; solo manténgase firme en su sueño y en su visión y muy pronto descubrirá que esas dificultades se convertirán en bendiciones que lo llevarán al éxito.

Meditemos en la vida de José y en las grandes victorias que Dios le dio a través del sufrimiento y las pruebas, y no sucumbamos ante las circunstancias adversas. Mantengamos nuestra fe y confianza en Dios para el futuro.

Capítulo 14

LA FE ACTIVA
Marcos 5:25-34

Hay muchas personas que nunca han tenido una experiencia personal con Jesucristo, aun después de asistir a una iglesia por mucho tiempo. Un día una joven, muy desaliñada y deprimida, visitó mi oficina para una consulta personal. Con desaliento, comenzó a contarme su historia. Había nacido y se había criado en un hogar cristiano y asistía a la iglesia fielmente. Solo en raras e inevitables ocasiones dejó de asistir. Unos meses antes, ella había pasado por una experiencia desgarradora y desde entonces había caído en una severa depresión. Había visitado un gran número de hospitales y consultado a muchos médicos, pero no recibía ayuda alguna. Entonces recurrió al ayuno y la oración, pero ni eso parecía ayudarla. En su desesperación, tocó a la puerta de mi oficina.

Después de escuchar su historia, le pregunté directamente: «¿Conoce usted a Jesucristo?». Ella ni siquiera entendió el significado de mi pregunta. Así que formulé la pregunta de otra manera: «¿Ha invitado a Jesucristo a entrar en su corazón como su Salvador personal?». No pudo darme una respuesta a ninguna de las dos preguntas. Obviamente ella no era salva, aun después de haber asistido a una iglesia por tanto tiempo. Le pude presentar a Jesucristo, la Persona, no solo la religión, y él se convirtió en su Salvador personal. Pronto vi una luz de gozo que comenzaba a brillar en su rostro nublado, a medida que los rayos de la salvación del sol de la mañana brillaban a través de la densa niebla. La transformación era el resultado del poder de vida de Jesucristo que entró en su alma.

El cristianismo no es una religión ni una autodisciplina. Es recibir la vida del Cristo resucitado dentro de nuestro corazón, por nuestra propia voluntad.

En Marcos 5:25-34 se encuentra el relato de una mujer que estaba desesperada por vivir. Cuando examinamos la situación y la condición de esa mujer, encontramos que hacía doce años que padecía de flujo de sangre y había visitado muchos médicos. Había pasado por muchos tratamientos dolorosos y gastado todo lo que tenía pero cada día estaba peor. Aun en tales condiciones, tenía un espíritu inquebrantable y un impertérrito deseo de vivir. Jesucristo está listo, aun hoy, para responder a aquellos que buscan la vida con todo su corazón.

Muchas veces, cuando la gente me visita para una consulta personal, brotan de ellos historias miserables y desalentadoras que me dan una visión negativa de su vida. Cristo quiere ayudarnos a nosotros y a los demás, pero para ello necesita que la persona esté determinada a buscar la vida y que no se deje doblar por las circunstancias ni las dificultades.

Cuando usted lee la experiencia de Jesús en Nazaret, encuentra que él vino a Nazaret lleno del Espíritu Santo, después de haber estado en el desierto. En el día de reposo, abrió las Escrituras en el libro del profeta Isaías y leyó lo siguiente:

> *El Espíritu del Señor está sobre mí, por cuanto me*
> *ha ungido para dar buenas nuevas a los pobres; me*
> *ha enviado a sanar a los quebrantados de corazón; a*
> *pregonar libertad a los cautivos, y vista a los ciegos;*
> *a poner en libertad a los oprimidos; a predicar el*
> *año agradable del Señor. Y enrollando el libro, lo*

*dio al ministro, y se sentó; y los ojos de todos en la
sinagoga estaban fijos en él. Y comenzó a decirles:
Hoy se ha cumplido esta Escritura delante de
vosotros.
Lucas 4:18-21*

Después de escuchar esas palabras maravillosas de Cristo, la gente que se hallaba presente en la sinagoga de Nazaret estaba atónita. Sin embargo, estaban defraudados porque Jesucristo no era un hombre famoso, como ellos lo esperaban, sino solo el hijo de un carpintero, que se había criado entre ellos. Jesús estaba lleno del Espíritu Santo y predicaba con tanta unción, que la gente de su propio pueblo se llenó de celos. En vez de escuchar las palabras de Jesús, querían atraparlo y destruirlo. En esa ocasión, Cristo aludió a una historia del Antiguo Testamento:

*Y en verdad os digo que muchas viudas había en
Israel en los días de Elías, cuando el cielo fue
cerrado por tres años y seis meses, y hubo una gran
hambre en toda la tierra; pero a ninguna de ellas fue
enviado Elías, sino a una mujer viuda en Sarepta
de Sidón. Y muchos leprosos había en Israel en
tiempo del profeta Eliseo; pero ninguno de ellos fue
limpiado, sino Naamán el sirio.
Lucas 4:25-27*

Jesús le contó esa historia a la gente de su pueblo para expresarles una verdad.

Durante los tiempos del Antiguo Testamento, cuando Elías vivía en Israel, Dios les envió hambre y sequía por tres años y medio para juzgar a los israelitas, que habían seguido a imágenes y dioses ajenos. Ellos no estaban buscando al Señor de todo corazón ni se arrepentían de sus pecados. Había una mujer, ciudadana de Sidón, que fervientemente buscaba al Señor. Cuando Elías llegó a la casa de ella, la mujer se encontraba afuera recogiendo unas ramas secas para comenzar un fuego y así poder hacer pan con las últimas gotas de aceite y de harina que le quedaban. Ella y su hijo iban a comer el pan y luego morir. Elías le pidió que cocinara el pan y se lo trajera. La mujer no vacilo en hacerlo, y de inmediato horneó el pan y se lo trajo todo al profeta de Dios. Eso indica que tenía un ferviente deseo de buscar al Señor y de obedecer a Dios. Fue por eso que Dios le pidió a Elías que visitara a esa viuda.

En la época de Elías, había muchos leprosos en Israel pero ninguno se preocupaba de seguir al Señor. Sin embargo, había un leproso, un sirio llamado Naamán, que buscaba la verdad. Era un general y un hombre famoso; sin embargo, tenía un deseo ardiente de buscar a Dios. Cuando escuchó acerca del profeta de Dios por medio de una niña israelita que era su criada, de inmediato dejó Siria y fue a Israel para buscar al profeta. Debido a su deseo ardiente de encontrar al Señor y recibir vida, Dios suplió su necesidad y lo sanó. Jesús contó esa historia para desafiar a los nazarenos a que tuvieran ese mismo deseo ardiente de buscar al Señor. En vez de escuchar a la voz de Jesús, el pueblo entero conspiró contra él y quisieron destruirlo; pero dado que aún no era la hora de su muerte, Dios cegó sus ojos y Jesús pasó por entre ellos sin que nadie lo tocase.

Si usted no tiene el deseo ardiente de buscar al Señor, él no le pondrá mucha atención a su vida. La mujer en la Biblia que tenía el flujo de sangre por doce años, estaba decidida a encontrar a Jesús. Su espíritu inquebrantable le agradó a Jesús. Dios el Padre arregló las circunstancias de tal modo, que ella pudiera escuchar el evangelio de Cristo y pudiera conocer a Jesucristo. Este es el segundo punto necesario cuando venimos a Cristo. Es imposible que Cristo nos pueda dar vida si no lo conocemos como Señor de nuestra vida.

Muchas personas vienen a mí para que ore por ellas como por superstición. No quieren ni siquiera tomarse el tiempo para leer la Biblia y conocer acerca de nuestro Señor Jesucristo. Eso no es lo que Dios quiere; no obstante, quieren venir y ser sanados de una manera supersticiosa a través del poder milagroso de Dios, por medio de la imposición de manos. Nosotros sabemos que la fe viene por el oír, y el oír, por la Palabra de Dios. Como esa mujer que escuchó acerca de Jesús, así también nosotros debemos escuchar sus palabras y conocerlo a él y a sus promesas.

La Biblia claramente dice en Romanos 10:14-15:

> *¿Cómo, pues, invocarán a aquel en el cual no han creído? ¿Y cómo creerán en aquel de quien no han oído? ¿Y cómo oirán sin haber quien les predique? ¿Y cómo predicarán si no fueren enviados? Como está escrito: !!Cuán hermosos son los pies de los que anuncian la paz, de los que anuncian buenas nuevas!*

También Romanos 10:17 nos dice: «Así que la fe es por el oír, y el oír, por la Palabra de Dios». Si una persona no le pone atención a la Palabra de Dios, entonces Dios no puede hacer su obra en el corazón de esa persona.

Déjeme que le cuente el testimonio de la señora Soon Ai Choe. Uno de sus familiares se estaba muriendo de cáncer en la boca en el Hospital Nacional de Seúl. Después de una operación en las encías, los doctores descubrieron que su cáncer estaba tan avanzado que le dieron una semana de vida. Pero ese hombre quería vivir, y la señora Choe le habló de Jesucristo. Después llevó a uno de los pastores asociados al hospital para que lo aconsejara y orara por él. El pastor le habló al enfermo más acerca de Jesús, oró con él, y lo invitó a concurrir al culto del domingo por la mañana. El hombre salió del hospital sabiendo que, de acuerdo a los médicos, sus días eran contados.

Un domingo por la mañana, Dios me reveló que alguien con cáncer en la boca iba a ser sanado. Cuando le anuncié a la congregación que Dios iba a sanar a alguien con cáncer en la boca, de inmediato ese hombre recibió fe, y cuando se puso de pie, recibió un toque del Señor y desde ese momento el cáncer comenzó a desaparecer. Después de unas semanas, estaba completamente sano y no había más señales de cáncer. En vez de morirse en una semana, el primero de abril de 1976 se cumple un año desde que recibió el toque de sanidad del Señor. El hombre está fuerte y sano, y sigue asistiendo a nuestros cultos. Debido a que escuchó acerca de Jesucristo y porque tuvo conocimiento de su poder para sanar, estaba listo para recibir la fe de Dios. El que no escucha la Palabra de Dios nunca estará listo para recibir la fe que viene de Dios porque la fe viene del oír, y el oír de la Palabra de Dios.

En tercer lugar, todo cristiano puede poseer la realidad mística llamada «fe». Su fe no es entender. Prevalece la idea de que si entendemos todo lo que dice la Biblia, entonces podremos tener fe. Eso no es así. El conocimiento es el cimiento necesario para que una persona busque al Señor de la forma apropiada. La fe viene solo cuando buscamos al Señor con un corazón ferviente. Entonces, por medio del poder del Espíritu Santo, Dios nos imparte la fe que necesitamos en nuestra alma. La fe no es solo poder entender; es más que eso. La fe no es solo esperanza; es más que esperanza. Muchas veces la gente tiene la esperanza de que algo va a mejorar mañana o la próxima semana, o el próximo año, pero esa persona puede esperar hasta que se muera y no tener más esperanza después de la muerte. La esperanza nunca trae un resultado definido y positivo. La fe es siempre AHORA: el presente.

Esta realidad mística puede ser comparada a la niebla. La fe desciende como niebla y se apodera de nuestro corazón por medio del Espíritu Santo y de su poder; y cuando la fe viene por el poder del Espíritu Santo, usted lo sabe. Aun después de haber estado en el ministerio por casi veinte años, no puedo explicar esta realidad mística de la fe. Lo único que puedo decir es que cuando usted tiene fe, usted tiene fe; y cuando usted no tiene fe, usted no la tiene.

Muchas personas enfermas vienen a mí para recibir sanidad y en muchos casos he descubierto que no tienen ni una gota de fe en su alma. Sí, ellos saben acerca de la sanidad. Sí, tienen esperanza, pero no puedo encontrar la presencia de la fe en su alma. Siempre aliento a esas personas a que dediquen tiempo a escudriñar su corazón, confesar sus pecados, y esperar en el Señor hasta que Dios imparta fe por el poder del Espíritu Santo. La fe es un regalo del Señor. No es la fe humana sino la fe sobrenatural la que siempre viene de lo alto. Muchas veces, cuando vienen a verme personas enfermas, puedo discernir la presencia de la fe en su alma; esa realidad milagrosa, maravillosa y mística llamada fe. Entonces, de inmediato, sé que esa persona va a recibir la sanidad y en efecto, cuando oro por ella, cree y el poder de Dios viene y le trae liberación.

Debemos tomarnos el tiempo para recibir fe. Si usted no tiene fe, no escudriñe más a su corazón y en cambio, busque a Dios. Si usted necesita más fe todavía, a veces tendrá que orar y ayunar. Si no recibe fe dentro de una semana, continúe orando; pero una vez que usted recibe esa fe poderosa, puede ordenarle hasta a «la gran montaña que sea echada al mar lejano». La fe es poderosa y es una preciosa y maravillosa realidad. Sin embargo, no puedo tomarla y mostrársela, porque es algo espiritual. Usted la puede sentir. Usted sabe cuando la fe viene con un gran gozo y seguridad, pero no la puede explicar porque la fe pertenece a la cuarta dimensión del universo y no puede ser explicada con el lenguaje de la tercera dimensión.

En cuarto lugar, cuando usted tiene fe, debe darle un punto de partida a esa fe. La mujer en las Escrituras que mencionamos anteriormente, dijo en su corazón: «si tocare tan solamente su manto, seré salva». Cuando le tocó el manto a Jesús, ese fue el punto de partida de su fe. Aunque su corazón esté lleno de una fe ardiente, si usted no tiene un punto de arranque, esa fe no producirá ningún resultado. Usted siempre debe tener un tiempo y un lugar definidos para que comience su fe.

Cuando observamos la vida de Abraham, encontramos que él esperó veinticinco años para recibir fe. Cuando Dios le dio fe para creer que tendría un hijo, él hizo que ese momento fuera el punto de partida de una vida transformada, y Dios le cambió el nombre de Abram a Abraham, «el padre de muchas naciones». Cuando viene fe, algo tiene que cambiar. Cuando usted recibe fe, debe actuar según esa fe porque la fe sin obras es muerta. Algo debe hacerse, ya sea que usted se levante y comience a trabajar o se cambie su nombre. Parta de un punto al cual nunca regresará; queme los puentes que ya ha atravesado y prosiga con fe. Encienda el cilindro de la fe y marche hacia delante. ¡Esa es fe en acción!

Después de haber recibido fe, muchos se sientan y se ponen a juguetear. Entonces el Espíritu Santo, como niebla, se levanta y se retira la fe. La fe no siempre se va a quedar en su corazón. Cuando la niebla desciende, se queda hasta que sale el sol o comienza a soplar el viento; entonces la niebla se dispersa. Una vez que la fe viene, usted no debe perder esa oportunidad; debe actuar sobre la base de esa fe y comenzar a moverse. La fe activada llegará hasta el trono de Dios y se harán milagros grandiosos.

Cuando aquella mujer encendió su fe por medio de una acción, el poder de Jesucristo corrió a través de ella y la enfermedad de muerte se apartó para siempre. De inmediato, Jesús se dio vuelta y dijo: «¿Quién ha tocado mis vestidos?». Pedro y algunos de los discípulos dijeron: «Ves que la multitud te aprieta, y dices: ¿Quién me ha tocado?». Jesús respondió: «Alguien con fe me ha tocado, porque poder y unción salieron de mí hacia esa persona». Usted puede ir a la iglesia, puede orar, puede tocar a Jesús intelectual y teológicamente, pero el poder de Jesucristo nunca vendrá a usted hasta que no lo toque con el brazo de la fe.

De pronto, esa mujer supo que no podía permanecer escondida, así que se acercó a Jesús temblando, se inclinó frente a él y le reveló toda su historia. Cristo estaba lleno de júbilo porque él siempre está contento de encontrar a aquellos que se atreven a poner su confianza y fe en el Cristo viviente. Ella no solo fue sanada sino que Cristo la bendijo con paz en su alma y aun más salud. Jesucristo es el mismo ayer, hoy, y por los siglos. Él está entre nosotros hoy. Él está aquí, pero usted solo lo puede tocar y conocer a través de la fe.

Sigamos esos cuatro pasos hacia la fe. Primero, como esa mujer, deseemos fervientemente tener vida. Segundo, estudiemos la Palabra de Dios y escuchemos los mensajes de los siervos de Dios para aprender acerca de Cristo. Sin ese conocimiento no tenemos un fundamento sólido para buscar al Señor. Tercero, después de tener ese conocimiento, busquemos al Señor hasta que tengamos esa realidad mística llamada fe. Cuarto, cuando tengamos fe, encendamos esa fe, calentemos el motor de nuestra vida y comencemos a movernos hacia delante. Deje que su fe pueda ser vista a través de sus obras y nuestro Padre celestial hará grandes cosas en su vida.

Capítulo 15

ORE DE MANERA ESPECÍFICA
Hebreos 11:1-3

Muchos cristianos se me acercan y me dicen que no tienen fe. Cuando oigo esto, mi corazón se entristece porque la Biblia dice, en Romanos 12:3, que Dios repartió a cada uno la medida de fe. Si Dios no nos hubiera dado fe, entonces no sería razonable que Jesucristo le pidiera a la gente que creyera. Cristo hasta reprendió a la gente cuando ellos no creían. Así que, lo reconozca o no, lo sienta o no, usted tiene una medida de fe morando en su espíritu en este momento. Usted tiene suficiente fe como para ser salvo, para sanarse, para ser bautizado en el Espíritu Santo y para tener milagros en su vida en este momento. Cada vez que digo esto, las personas comienzan a poner excusas. «Sí, pastor, yo sé que todos debemos tener un poco de fe, pero mi fe es tan escasa que no puedo hacer mucho con ella».

En cierta ocasión, un amigo mío del Medio Oriente me trajo un paquete que contenía semillas de mostaza. Estaba tan maravillado que quería enseñarles esas semillas de mostaza a todos los miembros de la iglesia. En Corea, todos los ministros se levantan y van temprano en la mañana al culto de oración. Lo hacen todos los días: primavera, verano, otoño e invierno. Estos cultos matutinos de oración comienzan a las cuatro y media de la mañana, y si el ministro falta al culto, la congregación cree que está retrocediendo espiritualmente. A veces es una bendición para los pastores, pero otras veces es una carga. Cierta mañana, hablé de la fe. Luego le pedí a la congregación que se pusieran en fila y pasaran por el púlpito para poder observar la semilla de mostaza. Uno a uno fue mirando la semilla que yo cuidadosamente había puesto sobre mi Biblia. Todos estaban sorprendidos de lo pequeña que era. Una anciana quería mirarla, pero no podía verla. Entonces le dije: «Acérquese más y usted la verá sobre mi Biblia. Mire». «¿Dónde? No la veo», exclamó. De pronto con su aliento hizo volar a mi pequeña semillita. Comencé a buscarla con desesperación pero no podía encontrarla porque era muy pequeña. Entonces el Espíritu Santo me habló al corazón y me dijo: «Hijo, si esta semilla de mostaza es tan pequeña que puede ser echada a volar por el aliento de una anciana, las personas no debieran preocuparse por la medida de su fe. Si ellos tuvieran fe aun tan pequeña como esa semilla, podrían ordenarle a las montañas que se echaran al mar». Sí, usted no tiene que preocuparse sobre la medida de fe que tenga, sino más bien, preocúpese por cómo hacer para que crezca la fe que ya tiene en su corazón.

Hace diecisiete años, cuando me gradué del Seminario, no tenía ni un centavo. Solamente tenía un traje que ponerme, pero por fe comencé una iglesia que estaba en una de las peores zonas de Seúl. Digo esto para la gloria de Dios: después de diecisiete años, él me ha dado la iglesia más grande del mundo en un edificio de catorce pisos. Comparada con otras naciones, Corea todavía está en estado de desarrollo. Si todos los cristianos de todas las naciones dejaran que Dios los movilizara por el poder del Espíritu Santo, el estandarte de la cruz de Cristo sería llevado por todo el mundo.

Quiero contarles cuál es el secreto para desarrollar la fe que está adormecida. La Biblia claramente nos enseña los pasos para el desarrollo de la fe que tenemos. La fe es la certeza de lo que se espera.

En primer lugar, para desarrollar la fe que ya tiene en su corazón, debe tener metas claras. Muchas personas oran por las cosas en general y Dios no se complace en esas oraciones generales. La fe es la certeza de lo que se espera y si usted no tiene metas claras en su vida, entonces Dios no escuchará sus oraciones. He aprendido esa lección en unas circunstancias muy peculiares.

Cuando comencé mi iglesia, era muy pobre. Teníamos los cultos debajo de una vieja tienda de campaña, toda rota. La congregación se sentaba sobre unas esterillas y yo vivía en una pequeña choza de barro de una habitación. Una noche mientras oraba, comencé a sentirme muy tonto por estar viviendo así, cuando la Biblia me había dicho que yo era hijo de Dios, un hijo del Rey de reyes y Señor de señores. Así que me dije a mí mismo: «¿Por qué tiene que vivir un hijo de Dios, una vida de tanta pobreza? Debiera por lo menos tener una mesa modesta, una silla y una bicicleta». (En aquel entonces, aquellas cosas eran para mí como tener un millón de dólares). Así que me arrodillé y oré: «Padre celestial, al menos me merezco una mesa, una silla y una bicicleta. Por favor, te pido que me las des. Gloria a Dios, en el nombre de Jesucristo, yo creo». Entonces esperé que viniera la respuesta. Un mes, dos meses, tres meses y finalmente seis meses, pero nada. En mi desánimo oré lo siguiente: «Padre, si yo no puedo creer que me darás aunque sea esas cosas, cómo les puedo enseñar a las personas y pedirles que crean? Soy un hipócrita si les pido que crean en cosas en las cuales no puedo creer yo mismo. He orado por una mesa, una silla y una bicicleta por más de seis meses. ¿Por qué no me has contestado? Yo sé que tú no me engañas y que responderás, pero no estoy seguro cuándo lo harás. Si esperas a que me muera, ¿qué provecho tendré entonces? Padre, ¿podrías apurar la respuesta a mi oración?».

Después de orar sentí una paz maravillosa que inundó mi alma. Luego una voz muy suave, la voz de Dios, comenzó a hablarle a mi corazón, y lo que me dijo revolucionó por completo mi vida. «Hijo, he escuchado tu oración hace seis meses. Todavía estoy esperando el pedido específico. Estás pidiendo en términos tan vagos que no puedo proveer las cosas que me pides. Hay muchos tipos de mesas, muchos tipos de sillas, muchos tipos de bicicletas. Solamente has pedido una mesa, una silla y una bicicleta, y todavía estoy esperando que tú me digas qué tipo de mesa, silla y bicicleta quieres».

De nuevo me arrodillé y oré: «Padre, perdóname. Cancela todas mis oraciones anteriores. Quiero empezar de nuevo». Mientras estaba allí arrodillado, comencé a ver claramente la mesa, y le dije: «Padre, yo quiero una mesa de caoba de las Filipinas». (Pensaba que si le iba a pedir cosas al Señor, debía pedirle cosas de calidad). Luego proseguí: «Quiero una silla de hierro y que tenga ruedas. No quiero una bicicleta hecha en el Japón o en Corea porque son muy frágiles. Quiero una bicicleta hecha en los Estados Unidos». Ahora estaba seguro de que Dios no podía equivocarse. Estaba lleno de esperanza, gozo y fe. Alabé al Señor por su bondad y me fui a dormir. A la mañana siguiente, a las cuatro y media, mientras me preparaba para ir al culto matutino de oración, miré dentro de mi alma y sentí gran consternación; la noche anterior había tenido toda la fe del mundo, pero durante la noche mi fe se había desvanecido. Una cosa es tener fe, pero otra cosa es mantener la fe hasta que llegue la respuesta. Oré: «Padre, anoche tenía toda la fe del mundo, pero de alguna manera, esta mañana toda esa fe parece haberse desvanecido. Cómo puedo conservarla hasta que tenga una respuesta?». Entonces, con cuidado, abrí mi Biblia y mi mirada cayó en Romanos 4:17: «... delante de Dios, a quien creyó, el cual da vida a los muertos, y llama las cosas que no son, como si fuesen». Esta era la respuesta. De nuevo estaba lleno de gozo. Comenzaría a mencionar aquellas cosas como si ya las poseyera.

Aquella mañana, fui a la iglesia y prediqué como si el templo entero estuviera en llamas. Al final del culto, dije: «Hermanos, tengo una mesa, una silla y una bicicleta». La gente dio un grito de asombro, porque no entendían cómo un pastor tan pobre podía tener una mesa, una silla y una bicicleta de la noche a la mañana. Después del servicio, algunos jóvenes comenzaron a seguirme y a preguntarme si les podía enseñar la mesa, la silla y la bicicleta. Yo no esperaba que alguien hiciera eso y ahora tenía un gran problema. Sabía que si esas personas creían por un momento que yo les había dicho una mentira, mi ministerio estaba terminado en aquel lugar. Tuve una corta conversación con el Señor: «No fue idea mía testificar acerca de estas cosas, sino que fue idea tuya. Ahora estoy metido en un grave problema y tú me tienes que ayudar». Mientras oraba, recibí sabiduría del Señor y les pedí a aquellos jóvenes que vinieran a mi cuarto. Al entrar, miraban por todos lados para ver la mesa, la silla y la bicicleta. Entonces dije: «Señor Paik, yo le voy a preguntar algo y cuando usted me responda le mostraré la mesa, la silla y la bicicleta». Él respondió: «Sí, adelante». Así que comencé:

«¿Cuánto tiempo estuvo usted en el vientre de su madre antes de venir a este mundo?». Él me respondió: «Diez meses». (En Corea contamos por el año lunar, por eso son diez meses). Luego le dije: «Era usted realmente un bebe cuando estaba en el vientre de su madre? Porque nadie lo vio». «¿Qué es toda esta tontería? Por supuesto que nadie me podía ver allí», me contestó. «Pero usted era tanto un bebe mientras crecía allí como lo fue cuando nació», le dije. De nuevo me confirmé que yo estaba en lo cierto, así que continúe: «Bien, entonces yo le enseñaré mi mesa, mi silla y mi bicicleta. Anoche yo me arrodille aquí y oré y concebí la mesa, la silla y la bicicleta; ahora ellos están creciendo dentro de mí». Cuando dije esto, comenzaron a reírse y a rodar por el suelo. El rumor se esparció y a partir del domingo siguiente algunos hombres se me acercaban y me tocaban y me decían: «¡Que gordo te has puesto!». Yo estaba muy avergonzado. Parecía que todos se burlaban de mí. Pero desde ese día, supe que tenía esas cosas creciendo dentro de mí, así que alabé al Señor por eso y estaba feliz.

Unos meses después, una familia norteamericana se mudaba de Corea a Estados Unidos y me pidieron que viniera a ayudarles a empacar. Estaba contento de poder ganarme un poco más de dinero, así que fui rápidamente. Cuando pasaba por su garaje, sentí un movimiento extraño dentro de mí y me pregunté qué estaría pasando. Mire hacia la parte derecha del garaje y vi allí parada a mi bicicleta. Corrí hacia donde estaba y le miré el costado. En efecto, decía: «Hecha en USA». Le toqué el manubrio y dije: «Padre, ¿es esta mi hora de dar a luz? Estoy seguro que esta es mi bicicleta». Fui al segundo piso y mientras trabajaba, los escuché hablando acerca de la venta de la bicicleta. Paré por un momento de empacar, me puse de pie y comencé a orar: «Padre, ellos no pueden vender nunca esa bicicleta. Yo la estuve cargando durante seis meses en mi vientre. Tú sabes que no la pueden vender». Al rato, la señora vino y me dijo: «Pastor, ¿quisiera comprar esa bicicleta?». En mi corazón pensé: «¿Por qué la tengo que comprar? La he estado cargando por seis meses». No obstante, solo le dije que lamentablemente no tenía el dinero para comprarla. Ella se fue a hablar con su esposo. Le dijo: «¿Por qué no le regalamos la bicicleta al pastor? Él tiene que caminar millas y millas para hacer sus visitas a domicilio». Su esposo contestó con un «NO» rotundo. Pero en mi corazón yo sabía que iba a tener esa bicicleta, porque había aprendido que cuando un esposo americano y su esposa discuten, la mujer siempre sale ganando. Así que continué alabando al Señor y después de un rato el hombre vino y me dijo: «Pastor, la bicicleta es suya. Llévesela a su casa». Había dado a luz. Corrí al garaje y me la llevé a mi casa, alabando a Dios. Les dije a muchas personas que vinieran a ver la bicicleta que había dado a luz. Muchos vinieron y después que vieron la bicicleta se maravillaron y decidieron que esta teoría daba resultado. Algunos preguntaron: «¿Dónde está tu mesa y tu silla?».

Al día siguiente volví a la casa de los americanos y cuando entré en la oficina me sorprendí al ver que allí estaban mi mesa y mi silla. En el mismo instante que vi la hermosa mesa hecha de caoba de Filipinas y la silla con ruedas hecha en el Japón, supe que eran mías. Me senté en la silla y comencé a rodar por todos lados. Abrí uno de los cajones de la mesa y allí había una pila de un precioso papel blanco para escribir a máquina, una lapicera, tinta y un reloj despertador. En ese tiempo yo era tan pobre que no podía comprarme ni siquiera papel para escribir mis sermones, así que usaba los márgenes de viejos periódicos para escribirlos. No tenía una lapicera, así que recogía en la calle pequeños lápices usados y les colocaba un mango de bambú para poder usarlos. Nunca jamás había soñado con tener un reloj despertador. Cuando pensaba que ya era la hora para el culto, salía, escalaba a la cima del monte y cantaba para que la gente viniera a la iglesia. Como no tenía reloj, a veces cantaba durante treinta minutos o una hora antes del culto. Cuando vi esas cosas me senté allí y oré: «Padre, yo no pedí por todas estas cosas, pero por favor inclúyelas ahora porque tú eres el Dios que provee en abundancia». Me acordé de Josué y comencé a marchar alrededor de la mesa y la reclamé como mía. Un poco más tarde, me dijeron que me llevara la mesa, la silla y todo lo demás a mi casa. Me llevé todo a mi pequeño cuarto, y cuando estaba sentado en mi silla, de pronto me di cuenta de que si yo utilizaba esa misma ley de fe en mi ministerio, este sería todo un éxito para la gloria de Dios.

¿Por qué no usar esa ley de fe? A partir de ese momento, nunca más oré oraciones generales, y ahora veo las cosas con claridad a través de los ojos de la fe. Sin una meta clara en su vida, Dios no puede darle una respuesta definida a sus oraciones.

Recuerde la vez que Jesús pasaba por el camino a Jericó y el ciego Bartimeo se le acercó gritando: «¡Jesús, Hijo de David, ten misericordia de mi!». Todo el mundo sabía que Bartimeo venía para que Jesús le sanara sus ojos, pero Jesús le preguntó específicamente: «¿Qué quieres que te haga?». Jesús sabía perfectamente qué era lo que Bartimeo quería, pero Cristo quería escuchar una profesión clara de sus propios labios. El hombre ciego dijo: «Maestro, que recobre la vista». Entonces Jesús le dijo: «Vete, tu fe te ha salvado».

No solo ore: «Oh Dios, bendice a mi iglesia o bendice a mi hogar». ¿Qué clase de bendición quiere? La Biblia contiene unas treinta y dos mil quinientas promesas de Dios, así que, ¿qué tipo de bendición necesita? ¿Quiere las treinta y dos mil quinientas, todas al mismo tiempo? Si desea que su esposo sea salvo, sea específica en su oración: «Padre, mi esposo tiene cuarenta y siete años. Es un borracho y trabaja en el puerto, pero el puerto está de huelga y no tenemos ninguna entrada monetaria. Padre, ¡sálvalo!».

Cuando oro por mi iglesia, no digo: «Dios bendice a mi iglesia». ¡NO! Yo oro: «Padre, este año confiamos en que nos darás dos mil conversos». Tengo una meta clara y definida. La escribo en un papel sobre mi escritorio. Durante años he creído que Dios nos daría dos mil conversos nuevos por año, pero este año he cambiado mi meta. He orado: «Dios, tú nos has estado dando dos mil conversos todos los años, pero este año olvídate del número dos mil y envíanos otros dos mil más; este año danos cuatro mil almas». En los primeros dos meses, ya hemos recibido seiscientos nuevos conversos. Así como creas, se te será hecho. Las

Escrituras nos dicen que lo que atemos en la tierra será atado en el cielo y lo que desatemos en la tierra, será desatado en el cielo.

Cuando Moisés estaba a orillas del Mar Rojo con el ejército egipcio listo para atacarlos, ellos no sabían qué hacer. Moisés comenzó a clamar al Señor, pero Dios lo reprendía a causa de su oración. Le dijo: «Moisés, ¿por qué clamas a mí? Extiende tu mano y el Mar Rojo se partirá en dos». Era responsabilidad de Moisés ejercitar su fe en Dios. Es su responsabilidad, no la de Dios, ejercitar su fe. Dios le ha dado la Palabra. Él le ha dado su Espíritu y le ha dado fe. Ahora él le pide que crea. No tenemos que esperar hasta el año que viene. Podemos tener milagros de salvación, de sanidad y de respuestas a oraciones, ahora.

En segundo lugar, usted debiera tener una petición específica. La Biblia dice que: «La fe es la certeza de lo que se espera». Tener esperanza significa tener entusiasmo. El cristianismo sin entusiasmo está muerto. Dios nunca construirá su reino sobre una fe que esté muerta. Él quiere un corazón lleno de entusiasmo. Cuando usted tiene una meta, debe tener entusiasmo y un deseo ardiente de ver que esa meta se cumpla.

Cuando visité Gran Bretaña, mi corazón se entristeció al ver tantas catedrales cerradas. La gente ya no iba más a la iglesia. Todas las historias famosas del avivamiento de Wesley, del avivamiento del Ejercito de Salvación y del mover maravilloso de Dios, estaban solo escritas en los libros. Ya se habían acabado. La gente ya no asiste a la iglesia y no busca de Dios como una vez lo hicieron, y yo creo que este país debe o arrepentirse y regresar a Dios o caer en las ataduras del comunismo. En un tiempo, Inglaterra era una gran nación misionera que enviaba a sus misioneros a otras naciones y Dios la bendecía, pero por causa de la injusticia y por haberse apartado de Dios, él la ha puesto a un lado. Hay más ateos en Inglaterra y en otras naciones desarrolladas que en algunos sitios del Medio Oriente. Sin embargo, los vientos del avivamiento del Espíritu Santo están soplando a través de los países desarrollados y por todo el mundo.

Cuando Cristo comenzó su ministerio, se dirigió al río Jordán y fue allí bautizado por Juan el Bautista. Cuando se puso de pie y comenzó a orar, la gente esperaba oír su tremendo sermón; pero antes de que él pudiera decir nada, se abrieron los cielos y el Espíritu Santo descendió sobre él. ¿Por qué? Porque el poder del Espíritu Santo es la única respuesta a la situación del mundo.

El Espíritu Santo le trae entusiasmo a su corazón; usted puede ver la meta con entusiasmo y vive en su imaginación. Mediante su imaginación usted comienza a ver que su meta ha sido alcanzada, y al caminar en tal imaginación, comienza a sentir y a disfrutar la meta que ha logrado alcanzar. Cuando cinco años atrás, el Espíritu Santo me pidió que construyera una iglesia del tamaño del Royal Albert Hall en Inglaterra, una que daría cabida a diez mil personas, la meta en mi corazón era muy clara. Comencé a tener un deseo entusiasta, y en mi imaginación, cinco años antes yo había visto ese edificio. Entré y disfruté de aquel edificio y prediqué detrás del púlpito, una y otra vez. Hice esto tantas veces, que algunas personas pensaron que había perdido la razón, pero yo estaba viviendo tal sueño por fe.

Nuestro Padre celestial es un Dios de imaginación, porque la Biblia nos dice que Dios nos creó a su propia imagen y semejanza. Antes que Dios nos pudiera crear a su imagen, él tuvo que crear esa imagen en su imaginación. Si usamos nuestra imaginación y vemos a personas y a naciones elevadas por el poder del Espíritu Santo, el mundo será sacudido. Véalo y lo poseerá en su imaginación; después lo experimentará.

Muchas personas quieren tener cosas en la realidad antes de tenerlas en su imaginación. Sin embargo, esto no funciona así. Si usted no cambia su imaginación, no podrá tener victoria en su vida. Cristo dijo: «Arrepentíos, porque el reino de los cielos se ha acercado». La palabra arrepentirse en griego es *metanoia*, que quiere decir «cambiar la forma de pensar, la forma de sentir». Por medio de Cristo podemos cambiar de conciencia de pecado a conciencia de justicia; de conciencia de enfermedad a conciencia de sanidad; de conciencia de fracaso a conciencia de éxito. Las Escrituras dicen que cuidemos el corazón por sobre todas las cosas porque de él mana la vida. Su vida futura emana de su forma de pensar y de su vida de imaginación. Si usted llena su corazón de pensamientos negativos nunca será victorioso.

Cierta vez visité Cardiff durante tres días y disfruté allí de un maravilloso tiempo de comunión con los ministros que se encontraban en aquel lugar. Estaban hablando acerca de cómo las Islas Británicas se habían convertido en un campo misionero muy difícil. Con gran desánimo, discutían las dificultades y las circunstancias imposibles. Llegó un momento en que dije: «Sí, es difícil porque ustedes piensan que es difícil. ¿Acaso piensan que Dios lo ve como algo difícil?». Ellos respondieron: «No, creemos que no». Entonces les dije: «Pues si Dios no piensa que es difícil, no digan ustedes que es difícil». Cristianos, piensen como Dios piensa, vean como Dios ve, hablen como Dios habla. Cambien su imaginación y esperen ver con entusiasmo cómo se cumplen sus metas.

En tercer lugar, usted debe tenerlo por fe. Los cristianos somos en cierto sentido como artistas. Tomamos el pincel de la fe, lo sumergimos profundamente en la tinta de la Palabra de Dios y comenzamos a dibujar nuestra meta en la tela de nuestro corazón por fe. Finalmente está allí, dibujada con toda claridad; todos nuestros sueños se han cumplido: el esposo salvo, los hijos que han vuelto a tener fe en Dios, la iglesia construida y la nación de nuevo en las manos de Dios. Dibuje la escena claramente en su corazón, luego con fe arrodíllese y ore hasta que esa escena se convierta en sustancia. Sustancia en griego es *hupostasis*, lo cual significa «título de propiedad; papel legal». Una vez que usted tiene el título de propiedad de una casa, esa casa le pertenece. Una vez que tiene el título de propiedad de un terreno, ese terreno le pertenece. Después de dibujar un hermoso cuadro en su corazón cuando se arrodilla y ora, una paz tremenda invade su corazón y usted tiene la seguridad absoluta de que Dios ha respondido. Por fe usted ya posee el título de propiedad, y la posesión siempre es del que tiene el título de propiedad.

Cuando yo estaba orando por tres millones y medio de dólares, los cuales necesitaba para la construcción de mi iglesia, al principio lo veía como una de las montañas de los Alpes. El peso de esto me estaba aplastando, en especial después que fui a ver al tesorero para preguntarle cuánto dinero teníamos en el banco. Él me informó que teníamos solo tres mil. ¿Cómo podíamos construir una iglesia de tres millones y medio de dólares, cuando la ganancia promedio de una familia en Corea en aquel tiempo era de solo trescientos dólares al año? ¡Imagínese! El poder construir semejante iglesia con aquellos cristianos parecía algo imposible. Si me dejaba guiar por las matemáticas, estaría perdido aun antes de comenzar, pero cuando me arrodillé y miré el rostro de Jesús, él me dijo: «Todo es posible para el que cree». De modo que comencé a orar. Pasó un mes, dos, tres meses y yo seguía abrumado por la carga. Por la madrugada, me levantaba y me iba al rincón de mi cuarto, llorando y penando delante de Dios. Esto a veces asustaba a mi esposa. Ella tenía miedo de que yo me hubiera vuelto loco y trataba de persuadirme de que fuera a ver a un doctor. A menudo llegaba a la iglesia en mi automóvil, pero estaba tan ocupado orando que no me daba cuenta de que había llegado. Estaba cargado al extremo porque tenía una meta clara y precisa. Yo había visto esa cifra claramente dibujada y poseía todo el entusiasmo necesario, pero aún no tenía la seguridad, la confirmación. Por fin, después de tres meses, una mañana me llamó mi esposa para tomar el desayuno, y mientras estaba sentado a la mesa, de repente me invadió una paz increíble; había recibido la seguridad, la confirmación. Pegué un salto y exclamé: «¡La tengo! ¡La tengo!». Mi esposa vino corriendo y me dijo: «Cálmate, cálmate, ¿qué es lo que tienes?». «Tengo tres millones y medio», respondí. Ella pensó que yo estaba loco pero le dije que esto había estado creciendo en mi vientre, tres millones y medio de dólares. Y a partir de ese momento, los tres millones y medio de dólares me parecían como una pequeña piedrita en la palma de mi mano. Yo sabía que eran míos y que la respuesta ya estaba en camino. Ahora la iglesia está terminada y pagada en su totalidad.

Dios es el mismo en todo el mundo. La fe mueve la mano de Dios. Sáquese de la cabeza la idea de que la tarea que tiene por delante es una tarea imposible y en su lugar coloque el pensamiento «Todo es posible» de nuestro Señor Jesucristo.

En cuarto lugar, cuando usted tiene la seguridad de algo, debe comenzar a nombrar aquellas cosas que aún no tiene, como si ya las tuviera. Debe creer en la Palabra del Dios de la creación. Dios dijo: «Sea la luz», y hubo luz. Él creó los cielos y la tierra por medio de su palabra. Creó las estrellas y todo el universo por medio de su palabra, y Dios desea que usted diga las mismas palabras con su boca.

Abram tenía cien años y Sara más de noventa cuando Dios les dio la promesa y la seguridad de que tendrían un hijo. Dios le puso, sin embargo, a Abram una condición: que llamaría al hijo que aún no tenía como si ya lo tuviera. Dios dijo: «Te cambiaré tu nombre; no eres más Abram, sino Abraham», lo cual significa «padre de muchas naciones». «Y tu esposa ya no es más Sarai, sino Sara», lo cual significa «princesa». Abraham podría haber dicho: «Toda la gente se reirá de nosotros porque no tenemos un hijo y si nos llamamos uno al otro «princesa» y «padre de muchas naciones» pensarán que nos hemos vuelto locos». Pero Dios nunca transige. Ellos obedecieron a Dios, y cuando a la tarde llegó la hora del té, Sara llamó a su esposo: «Abraham, el té está listo». Toda la gente del pueblo escuchó eso y se dijeron unos a otros: «¿Qué? ¿Abraham, "padre de muchas naciones"? Pobre Sarai, está tan deseosa de tener un hijo que llama a su marido "padre de muchas naciones". Se debe estar volviendo loca». Y entonces se escuchó la fuerte voz de barítono de su esposo: «Sí, Sara, ya voy». Una vez más la gente del pueblo comentó: «¿Qué? ¿Sara, "la princesa", "la madre de niños"? Él debe de estar tan loco como ella. Pobre Abram. Ni siquiera tienen un perrito en la casa y se llaman uno al otro "padre de muchas naciones" y "la princesa". ¡Pobres viejos!».

No obstante, ellos actuaron conforme a la Palabra de Dios, y Dios dijo que llamemos a aquellas cosas que no son como si fueran. Debemos actuar como si Dios ya hubiera contestado. Anuncie la voz de creación.

Los apóstoles del Nuevo Testamento de Jesucristo nunca se quejaron o lloraron frente a la gente sino que daban la palabra de creación. Cuando se encontraban orando solos, oraban y lloraban delante de Dios, pero cuando estaban en las líneas de batalla, nunca lloriqueaban o lloraban sino que daban la palabra de creación. «No tengo plata ni oro, pero lo que tengo te doy; en el nombre de Jesucristo de Nazaret, levántate y anda». ¿Por qué no podemos decir esto? ¿Acaso no tenemos el mismo Dios, la misma fe, y la misma promesa?

No se convierta en un mendigo santo. Sea un creador. Cuando tiene la seguridad, entonces anuncie la palabra de creación. Dígale a su hogar: «Que reine en ti la calma, la paz». En su corazón, dígale a su vecino: «Que venga el Espíritu Santo y le dé convicción de pecado». Anuncie la palabra, envíe la palabra, entonces verá que la palabra que brota de la fe en su corazón va hacia adelante y crea. Si usted toma esos cuatro pasos en su vida, verá que su fe se convierte en una fe creativa, y verá que comienzan a ocurrir grandes milagros.

Para concluir, lo desafío a que no viva según las matemáticas sino por fe. Cristo estaba predicando en el desierto y cinco mil hombres y muchas mujeres y niños lo escuchaban. Habían estado allí todo el día. Cuando se dio cuenta de que la gente estaba hambrienta, Cristo llamó a sus discípulos y les dijo: «Denles de comer». Esta era la palabra de creación, pero Felipe tenía una mente tan matemática que hizo una encuesta. Después se dirigió a Jesús y le dijo: «Jesús, nos has pedido que le demos de comer a esta gente, pero ya es de noche. No hay donde comprar comida, y aunque hubiera algo de comida, necesitaríamos por lo menos doscientos denarios y no tenemos ese dinero». Felipe le dio un informe perfecto; correcto en todo sentido, con toda la información matemática correcta. Pero Andrés fue con fe y encontró cinco panes y dos pequeños pescados, se los trajo a Jesús con fe y visión y le dijo: «Jesús, yo tengo estos cinco panes y dos pescados. Son pequeños, pero si tú los bendices, sabemos que podremos alimentar a la multitud». Cristo no amonestó a Felipe pero lo ignoró; y cuando se acercó a Andrés, bendijo el pan y el pescado y la multitud recibió alimento.

¿Se está usted quejando de que el lugar donde vive es un desierto, que esta es una época donde reina la maldad, que un espíritu de incredulidad está arrasando el país y que la gente se muestra displicente y no quiere hacer nada? ¿Está usted diciendo que es muy tarde para un avivamiento? ¿Dice que necesita más dinero, que necesitamos más edificios y mejores servicios o no podremos llevar adelante la obra de Dios? ¿Se va a dejar guiar por las matemáticas como Felipe o irá a Jesucristo y obedecerá su mandato de darle de comer a esta generación? Felipe y Andrés eran ambos discípulos de Jesucristo. Estaban en el mismo desierto, era la misma hora, ambos tenían el mismo problema, pero Felipe fue ignorado y Andrés fue aceptado. ¿Desea ser usted ignorado por Jesucristo y que lo deje tranquilo?

Esta época necesita milagros y usted sabe de dónde viene el poder milagroso. Usted tiene el poder del Espíritu Santo, tiene la Palabra viva de Dios, conoce al Cristo viviente y él lo está llamando para que se dedique a él en este mismo momento. Le está diciendo: «Levántate y atiende las necesidades de esta generación. Yo quiero bendecirlos». Levantémonos por fe y comencemos a darle de comer a esta generación para la gloria de Dios.

Capítulo 16

«SOLAMENTE DI
LA PALABRA»
Mateo 8:5-13

Todos los cristianos sinceros desean vivir una vida cristiana que complazca a Dios, pero en realidad se sienten perdidos porque no saben qué hacer. Me gustaría poder ayudar a esos cristianos que quieren tener una vida diaria más poderosa y fructífera.

Para poder disfrutar nuestra libertad y nuestros derechos en la sociedad debemos cumplir con ciertas responsabilidades. De la misma manera, en nuestra vida cristiana tenemos ciertas responsabilidades que llevar a cabo antes de poder disfrutar todas las bendiciones de Dios.

Tenemos la responsabilidad de adorarlo. Nosotros fuimos creados para adorar a nuestro Padre celestial. Los incrédulos adoran las cosas materiales del mundo, pero cuando nos convertimos en cristianos, tenemos la responsabilidad de adorar diariamente a nuestro Señor.

También tenemos la responsabilidad de santificación. Una vez que nos convertimos y somos lavados en la sangre de Jesucristo, debemos vivir una vida santificada. Sin santificación no podemos venir al Señor y pedirle ayuda.

Igualmente tenemos la responsabilidad de estudiar la Biblia. Cuando estudiamos la Palabra de Dios, podemos entender mejor a nuestro Señor Jesucristo y nos familiarizamos con las obras de

Dios. Es nuestra responsabilidad y obligación conocer mejor a Dios a través del estudio cotidiano de su Palabra.

Del mismo modo tenemos la responsabilidad de orar. La oración es como la respiración. Como cristianos, si dejamos de orar es como si dejáramos de respirar. Por supuesto, usted sabe que si deja de respirar, se muere. Si dejamos de orar con regularidad, nuestra vida espiritual se muere. De modo que debemos orar al Señor todos los días.

Además tenemos la responsabilidad de testificar. Testificar es como hacer ejercicio. Para tener un cuerpo saludable debemos hacer ejercicio. Para poder ser cristianos saludables debemos ganar almas a diario. Mientras que nos nutrimos en la Palabra de Dios y respiramos espiritualmente por medio de nuestras oraciones, hacemos ejercicio testificando para nuestro Señor Jesucristo a los incrédulos y haciendo todo lo posible para llevarlos al conocimiento de Cristo.

Asimismo, tenemos la responsabilidad del servicio. Debemos ejercer nuestro ministerio de servicio al Señor tanto en las cosas materiales como en nuestro esfuerzo físico para el Señor.

Cuando ejercemos nuestras responsabilidades, podemos reclamar las promesas de nuestro Señor. En la Biblia encontramos un gran número de promesas maravillosas. Sus promesas son abundantes, pero no las podemos reclamar a diestra y siniestra.

Leamos la experiencia y confesión del centurión, la cual se encuentra en Mateo 8:5-9:

Entrando Jesús en Capernaum, vino a él un
centurión, rogándole, y diciendo: Señor, mi criado
está postrado en casa, paralítico, gravemente
atormentado. Y Jesús le dijo: Yo iré y le sanaré.
Respondió el centurión y dijo: Señor, no soy digno
de que entres bajo mi techo; solamente di la palabra,

y mi criado sanará. Porque también yo soy hombre bajo autoridad, y tengo bajo mis órdenes soldados; y digo a éste: Ve, y va; y al otro: Ven, y viene; y a mi siervo: Haz esto, y lo hace.

La confesión de este centurión y la respuesta de Jesús nos demuestran que Jesucristo hablaba específicamente a los enfermos, administrándoles sanidad. Tenemos las promesas de Dios escritas en la Biblia y podemos comprender la voluntad de Dios cuando estudiamos su Palabra, pero si deseamos tener fe para una necesidad en particular, debemos dejar que el Señor nos hable específicamente a través de la Biblia.

El centurión dijo: «Solamente di la palabra». Las promesas de la Biblia deben ser renovadas en nuestro corazón por medio de la revelación del Espíritu Santo. Muchas personas piensan que pueden creer cualquier palabra que quieran, y entonces señalarán algún versículo al azar. Pero la fe en la Palabra de Dios no funciona de esa manera.

Encontramos que hay diferentes actitudes frente a las promesas de Dios. Hay aquellos que corren delante de la Palabra de Dios. Podemos ver a esas personas con frecuencia en la iglesia. Son buenos cristianos y ejercen sus responsabilidades frente a Dios con fidelidad, pero corren delante de Dios. Trazan todos sus planes y llevan adelante sus proyectos y luego vienen al Señor y le piden que él bendiga esos planes y proyectos. Dios no obra de esa manera. Esa es la razón por la cual muchas personas cometen errores y fracasan en su vida y fe cristianas.

Hoy vino un hombre a mi oficina y me dijo que había sufrido una bancarrota en su negocio porque había estado llevando adelante sus planes y proyectos a su manera. Luego le había pedido a Dios que lo bendijera pero no lo hizo. Dios dejó que él siguiera por su camino hasta que por fin terminó en la bancarrota. Y ahora no tiene ningún derecho de quejarse al Señor.

También están aquellos que reciben la Palabra de Dios pero no actúan porque tienen dudas. La Biblia dice en Santiago 1:6-8:

> *Pero pida con fe, no dudando nada; porque el que duda es semejante a la onda del mar, que es arrastrada por el viento y echada de una parte a otra. No piense, pues, quien tal haga, que recibirá cosa alguna del Señor. El hombre de doble ánimo es inconstante en todos sus caminos.*

Después de haber orado y haber recibido la Palabra de Dios en su corazón, muchas personas no marchan hacia adelante por falta de fe. Dios no puede obrar a través de tales personas, porque Dios usa a aquel que tenga la valentía de largarse al mundo sobre la base de la palabra de Dios que le ha sido revelada. La persona que no actúa cuando recibe la palabra de Dios, no puede tener éxito en su vida cristiana.

Luego están aquellas personas que obran según la Palabra de Dios cuando reciben una revelación especial de la Biblia en su alma. Santiago 2:17 dice: «Así también la fe, si no tiene obras, es muerta en sí misma». Qué verdad es esta. La fe que está guardada en el corazón sin estar motivada a actuar, no produce nada. Es fe en potencia, pero no habrá ningún resultado si nadie actúa en base a esa fe.

Muchas personas preguntan: «Entonces, ¿cómo recibo la Palabra de Dios?». Tenemos la Biblia, desde Génesis hasta Apocalipsis, la cual leemos y disfrutamos y de la cual recibimos bendiciones. Pero si queremos recibir la fe viva de Dios, no podemos seleccionar un pasaje de la Biblia al azar, actuar basándonos en lo que hemos leído y esperar que Dios actúe de acuerdo a ello. El Espíritu Santo de Dios debe seleccionar porciones de la Biblia y específicamente revelar e inspirar ese pasaje a nuestra alma para que podamos recibir fe viva. Para que él pueda realizar esto, nuestro corazón debe estar preparado. Debemos arrepentirnos de nuestra desobediencia y de nuestros pecados. En Juan 3:20-22 dice claramente:

> *Porque todo aquel que hace lo malo, aborrece la luz y no viene a la luz, para que sus obras no sean reprendidas. Mas el que practica la verdad viene a la luz, para que sea manifiesto que sus obras son hechas en Dios. Después de esto, vino Jesús con sus discípulos a la tierra de Judea, y estuvo allí con ellos, y bautizaba.*

Así que si abrigamos pecado en nuestro corazón, Dios no escuchará nuestras oraciones. Por lo tanto, debemos arrepentirnos y reclamar el poder de la sangre de Jesucristo que nos limpia de todo pecado e iniquidad.

Después de recibir el perdón de nuestros pecados, si todo lo que hacemos es sentarnos y esperar que Dios nos dé su palabra, él no nos dará esa palabra. Tenemos que acercarnos directamente al Señor en oración y súplica, con un corazón ferviente, y entonces, nuestro Padre celestial escuchará nuestros ruegos. Después de esto, espere en el Señor hasta que él le dé su palabra de fe. La Biblia dice en Romanos 10:17: «Así que la fe es por el oír, y el oír, por la palabra de Dios». Si usted escucha la palabra de Dios, por medio de la inspiración del Espíritu Santo, entonces puede recibir fe específica en su corazón, sin la cual no puede tener milagros en respuesta a sus oraciones.

Las Escrituras, desde Génesis hasta Apocalipsis, son la Palabra de Dios. Esas Escrituras le dan la sabiduría de Dios a nuestro corazón, pero una lectura general de la Palabra no producirá de forma automática una fe específica en nuestra alma. Solo cuando viene el Espíritu Santo y selecciona el pasaje, se lo revela a nuestro corazón y lo inspira específicamente como suyo, podemos, entonces, recibir la fe que nos imparte Dios. Entonces tendremos milagros. Una vez que recibimos la palabra, debemos ir hacia adelante y obrar en base a ella, no importa cuáles sean nuestros sentimientos o circunstancias presentes.

Hay una bellísima porción de las Escrituras en Mateo 14:24-33 que nos habla acerca de una experiencia de Pedro:

> *Y ya la barca estaba en medio del mar, azotada por las olas; porque el viento era contrario. Mas a la cuarta vigilia de la noche, Jesús vino a ellos andando sobre el mar. Y los discípulos, viéndole andar sobre el mar, se turbaron, diciendo: !!Un fantasma! Y dieron voces de miedo. Pero en seguida Jesús les habló, diciendo: !!Tened ánimo; yo soy, no temáis! Entonces le respondió Pedro, y dijo: Señor, si eres tú, manda que yo vaya a ti sobre las aguas. Y él dijo: Ven. Y descendiendo Pedro de la barca, andaba sobre las aguas para ir a Jesús. Pero al ver el fuerte viento, tuvo miedo; y comenzando a hundirse, dio voces, diciendo: !!Señor, sálvame! Al momento Jesús, extendiendo la mano, asió de él, y le dijo: !!Hombre de poca fe! ¿Por qué dudaste? Y cuando ellos subieron en la barca, se calmó el viento. Entonces los que estaban en la barca vinieron y le adoraron, diciendo: Verdaderamente eres Hijo de Dios.*

Pedro no hubiera podido caminar sobre las aguas sin haber recibido la palabra «Ven», pronunciada específicamente por Jesucristo. Hoy día, si tratáramos de caminar sobre el agua poniendo solo nuestra fe en el Señor Jesucristo, no pasaría nada. Pedro le pidió en específico a Jesús que le diera la palabra y Jesús la pronunció. Pedro caminó literalmente sobre la palabra de Jesucristo y no sobre las olas, porque cuando comenzó a pensar en las olas en vez de en la palabra, de inmediato comenzó a hundirse. La Biblia dice que cuando vio el fuerte viento tuvo miedo y comenzó a hundirse. Llorando dijo: «¡Señor, sálvame!». Como bien puede ver, Pedro no caminó sobre el agua, caminó sobre la Palabra de Jesucristo. De modo que si usted recibe la palabra específica en su alma, puede caminar sobre esa palabra y ella desplegará un ancho camino que irá desde su corazón hasta el trono mismo de Dios. Por medio de su Palabra usted recibirá tremendas respuestas del Señor para su vida.

Algunas personas creen que Dios es como un teléfono que pueden usar cuando así lo deseen. En realidad, no es así. No tenemos ningún derecho a reclamar las promesas de Dios sin antes cumplir con sus mandamientos. Si hacemos nuestra parte, entonces el Espíritu Santo de Dios nos ayudará a recibir la palabra de fe de Dios. Cuando usted recibe esa palabra de fe en su corazón, tendrá la fe específica que necesita y verá la respuesta de Dios en su vida. Reciba la Palabra y luego actúe en base a esa Palabra y una a una las Sagradas Escrituras se convertirán en la fuente de sus bendiciones personales para la gloria de Dios.

Capítulo 17

El manto del Espíritu Santo
Zacarías 4:6-10

Cuando los israelitas regresaron a su tierra después del cautiverio en Babilonia, los profetas Hageo y Zacarías alentaron a Zorobabel, el gobernador de Judá, y a Josué, el sumo sacerdote, a construir la casa del Señor. Pero ellos se encontraron con tantas dificultades insuperables, que la obra de construcción de la casa del Señor parecía algo imposible. Entonces Dios les dio un mensaje tremendo: «No con ejercito, ni con fuerza, sino con mi Espíritu». El profeta Zacarías dijo: «¿Quién eres tú, oh gran monte? Delante de Zorobabel serás reducido a llanura». También para nosotros, si nos vestimos con el manto del Espíritu Santo, el gran monte se convertirá en llanura delante de nosotros.

Al estudiar cómo Eliseo recibió la doble porción de la unción del Espíritu Santo de Elías, vemos cómo debemos buscar la vida llena del Espíritu cada día. La historia de Eliseo y Elías la encontramos en Segunda Reyes 2:1-13.

Hubo cuatro lugares a los que Eliseo tuvo que ir antes de recibir el manto de Elías, y nosotros también debemos encontrar a Dios en esos lugares antes de recibir la completa unción del Espíritu Santo en nuestra vida.

La primera es la experiencia en Gilgal. Gilgal está ubicada al este de Jericó y fue hasta allí donde los hijos de Israel llevaron las doce piedras desde el lecho del río Jordán y las depositaron en memoria del gran poder de Dios manifestado a favor de Israel cuando él dividió las aguas del río Jordán para que los israelitas pasaran.

Hoy tenemos la Biblia, el libro donde Dios registró sus grandes obras a través de las distintas épocas —pasadas, presentes y futuras—, y cuando la leemos nos familiarizamos con el gran poder y la gracia de Dios. Sin el conocimiento del poder vivificante de Dios no podemos esperar recibir nada de él. Elías fue a Gilgal para estar seguro de que Eliseo recordaría el gran amor y poder de Dios hacia sus hijos.

Muchas personas quieren ser llenas con el Espíritu Santo, aun sin tener el conocimiento del verdadero poder de Dios y su gracia para con nosotros. Debemos leer el libro de las memorias, la Biblia. El Espíritu Santo hizo que las obras de Dios fueran recordadas y escritas en el Libro, para que así nosotros pudiéramos leerlas y conocer a nuestro Dios poderoso y a sus maravillosas obras a favor de sus hijos. Sin estas memorias, al final, seríamos arrastrados por las tradiciones del mundo y caeríamos en la incredulidad.

En segundo lugar, Eliseo siguió a Elías a Bet-el. Aun a pesar de que Elías trató de deshacerse de Eliseo en Gilgal, él lo siguió de Gilgal a Bet-el. ¿Por qué Elías llevó a Eliseo a Bet-el?

Bet-el significa «casa de Dios» y allí Abraham, al igual que Jacob, construyó un altar al Señor y adoró a Dios.

Como bien recordará, cuando Jacob se estaba escapando de su hermano para la casa de su tío, durmió en ese lugar llamado Bet-el. En un sueño, vio los cielos abiertos y una escalera que estaba apoyada en la tierra con ángeles de Dios que subían y bajaban por ella. Cuando despertó, estaba muy asustado y tembloroso, por lo que dijo: «Ciertamente Jehová está en este lugar, y yo no lo sabía [...] No es otra cosa que casa de Dios, y puerta del cielo» (Génesis 28:16-17). Así que Jacob levantó una señal de piedra y derramó aceite encima de ella e hizo un voto ante el Señor.

Abraham, cuando vino a Canaán, también construyó un altar al Señor en Bet-el y adoró a Dios.

Nosotros también debemos venir ante la cruz de nuestro Señor Jesucristo, y construir allí un altar para adorar y tener comunión con Dios. A menos que establezcamos este altar en nuestro corazón, no podremos establecerlo en nuestros hogares o en nuestras iglesias. Si no lo hacemos, no tendremos un lugar para tener comunión con nuestro Padre celestial. Dios siempre tiene comunión con sus hijos en sus altares. En el Antiguo Testamento vemos que Dios se comunicaba con sus hijos en los altares. Aun en la época de la dispensación de la gracia, debemos encontrar a Dios en nuestro «Bet-el», en nuestro altar, para adorarlo y tener comunión con él. Hoy, si usted desea tener la plenitud del Espíritu Santo, no debe solo saber acerca de las obras de Dios, sino que él debe tener un altar en su corazón.

En tercer lugar, Elías prueba de nuevo la fe de Eliseo tratando de deshacerse de él en Bet-el, pero Eliseo estaba decidido a seguir a Elías y prometió que nunca lo dejaría. De modo que Elías permitió que Eliseo lo siguiera y juntos fueron a Jericó. ¿Por qué Elías llevó a Eliseo a Jericó? Jericó es la primera ciudad donde los enemigos de los israelitas resistieron el avance de los hijos de Israel. Josué penetró las grandes murallas de Jericó por la palabra de Dios y mediante su obediencia al mandato de Dios.

Hoy día, Satanás pone muchas murallas resistentes en nuestra vida que impiden nuestro crecimiento cristiano. Debemos deshacernos de ellas por la Palabra de Dios y la obediencia. Dios no puede bendecirnos si continuamos indulgentes ante los males hábitos y la búsqueda de cosas mundanas. Dios nunca habría permitido que los israelitas entraran a Canaán sin pasar por Jericó. Ellos tuvieron que conquistar a Jericó para entrar a Canaán. Si no tenemos la experiencia de conquistar los males hábitos y las malas obras, esas fortalezas de Satanás no nos dejarán tener libertad para recibir la plenitud del Espíritu Santo en nuestra vida. Elías llevó a Eliseo hasta Jericó para que pudiera entender que era necesario conquistar las fortalezas del diablo, antes de poder recibir la doble porción del Espíritu Santo sobre su vida.

En cuarto lugar, después de pasar por Jericó, Elías trató de persuadir a Eliseo de que no lo siguiera. Pero Eliseo estaba decidido a perseguirlo hasta recibir una doble porción de la unción del Espíritu Santo. Así que Elías llevó a Eliseo al río Jordán. Elías tomó su manto, lo dobló y golpeó las aguas. El río se dividió en dos y ellos pasaron al otro lado.

El río Jordán era la frontera de Canaán. Allí los israelitas dejaron atrás sus años de deambular por el desierto. Cuando cruzaron el río Jordán, se deshicieron de su vieja vida, de la vida de desobediencia y de rebeldía. En un sentido, fueron todos bautizados en el Jordán. En ese río Jordán nuestro Señor Jesucristo fue bautizado y nosotros lo seguimos a él en ese bautismo. ¿Qué significa el bautismo en agua? Simboliza la muerte a nuestra propia vida y el comienzo de una vida resucitada en Dios.

Muchas personas viven centradas en sí mismas, en una vida que satisface a la carne. Quieren tener la plenitud del Espíritu Santo para beneficio de su vida carnal. Mientras tengan esa actitud, Dios no puede bendecirlas. Elías quería estar seguro de que Eliseo atravesaría por la experiencia del río Jordán, para que pudiera pronunciar la sentencia de muerte sobre su vida personal centrada en sí mismo. Él entonces podría vivir entregado al Señor, guiado por el Espíritu Santo. Nosotros también debemos seguir sus pasos si esperamos la plenitud de la unción del Espíritu Santo.

Después de pasar por todos esos lugares, Elías fue rodeado por un carro de fuego con caballos de fuego. Él fue llevado hacia el cielo, pero su manto cayó sobre Eliseo, que con tanta persistencia lo había seguido. Cuando pasamos a través de diversas experiencias, siguiendo con fidelidad a nuestro Señor Jesucristo, entonces el manto de nuestro Señor, el Espíritu Santo, cae sobre nosotros. Todos los problemas insuperables de nuestra vida se convierten en una llanura ante nosotros para la gloria de Dios, si vivimos en la plenitud del Espíritu Santo. No podemos experimentar una vida cristiana victoriosa si no pagamos el precio.

Si desea tener la unción de Jesucristo en su vida, asegúrese de pasar por esos cuatro lugares de experiencia: (1) Debe pasar por Gilgal, donde recordará las poderosas obras de nuestro Padre celestial y su milagrosa provisión para sus hijos. (2) Debe pasar por Bet-el, para establecer allí contacto personal con su Padre celestial mediante el altar de nuestro Señor Jesucristo. Sin pasar por ese lugar y preparar allí un altar para el Señor, usted no puede recibir la plenitud de Dios. (3) Sin lugar a dudas, debe pasar por Jericó. Mediante esa experiencia usted destruye la resistencia de Satanás y sus fortalezas, para así poder tener libertad para entrar a la tierra de bendición en Dios, y (4) debe deshacerse de su antigua vida en las aguas del Jordán y desde ese momento vivir centrado en Cristo, lo cual glorifica a Dios. El Señor Jesucristo le quitará su viejo manto y le dará el manto de él. Cuando usted recibe la plenitud del Espíritu Santo y la unción de nuestro Señor Jesucristo, tendrá poder en tres aspectos de su vida: en su vida cristiana desde el punto de vista personal, en su vida de oración y en su vida de testimonio. Entonces las grandes y poderosas obras de Dios se manifestarán a través de su vida diaria, de tal manera que los problemas, como las montañas, se convertirán en llanuras ante usted.

Muchos discípulos de Elías no lo buscaron como lo hizo Eliseo. Ellos solo estuvieron en un lugar y observaron a Elías y a Eliseo ir de lugar en lugar. De la misma manera, en nuestros días, muchas personas no quieren pagar el precio y están contentas de estar donde están y critican a aquellos cristianos que siguen de manera persistente a Jesucristo. Lo invito a pagar el precio, buscando a Cristo de experiencia en experiencia, y verá que su vida se convertirá en una bendición abundante, no solo para usted mismo, sino para toda persona con la que usted tenga relación.

Capítulo 18

ENTRE EN EL REPOSO DE DIOS

Hebreos 1:1-10

Hoy es el día de la falta de reposo. Oímos a diario noticias sobre agitaciones políticas, la inflación económica y los peligros en todo el mundo. De manera personal, estamos todos buscando el descanso verdadero y sin límites y la paz, pero no podemos encontrarlos por medio de ganancias materiales. ¿Dónde podemos encontrar el verdadero y completo descanso para la vida? ¿Quién puede darnos la respuesta a esta difícil pregunta?

El año pasado, la hija de uno de los hombres más ricos de Corea se suicidó. Debido a ello, su angustiada madre me vino a ver varias veces. Su esposo era un multimillonario y le daba a su hija todo lo que quería. Ella tenía un flamante auto y un chofer. Siempre tenía dinero pero, pese a todo, no estaba nunca satisfecha. Por último, se metió dentro de su armario, se roció con gasolina y se prendió fuego.

Tener abundancia de cosas materiales en la vida no significa que estemos satisfechos ni que tengamos un gozo verdadero. Hasta que no entramos al reposo de Dios, no podemos tener paz. Hoy, Dios nos está invitando a venir a su remanso de paz y yo deseo mostrarle cómo hacerlo.

Cierta vez me encontraba en Inglaterra conduciendo reuniones evangelísticas en una de sus iglesias. Un día, al terminar el culto, una robusta señora alemana que estaba casada con un inglés, se me acercó y me dijo: «Pastor, usted se va a quedar en mi casa esta noche». Ella era bastante grande y alta y se veía muy fuerte. Como comenzó a presionarme, tuve un poco de miedo. Le dije: «No, no. Yo no puedo ir a su casa. El pastor ya me ha programado otras cosas». Me contestó: «Entonces obtendré el permiso del pastor». Ella comenzaba a mostrar su espíritu alemán. Comenzó a tironearme y yo sabía que era más fuerte que yo, así que algo asustado, me di cuenta de que me estaba arrastrando con ella.

Pese a su corpulento físico, me sorprendí al descubrir que manejaba un auto pequeño. Ella tomó mi maleta, la puso en el auto y a mí también. Ahí estaba yo en ese pequeño auto con una señora alemana muy corpulenta y mi maleta. No me podía mover. Me llevó a su casa y me mostró la habitación del piso superior donde yo pasaría la noche. Ella la llamaba la cámara del profeta. Mandándome como un general, me dijo que me cambiara de ropa y bajara a la cocina para tomar el té. Yo obedecí sus órdenes.

Cuando nos sentamos para tomar el té, ella comenzó a llorar. «Esta noche escuché su mensaje y sentí que usted tiene la respuesta para mi problema, y por eso le pedí al pastor permiso para traerlo a mi casa». Llorando con desconsuelo, me contó su historia. Era la hija de un hombre muy adinerado que vivía en Alemania. Pero durante la guerra mataron a sus padres y ella lo perdió todo. Cuando los soldados ingleses vinieron y tomaron parte de Alemania, ella se enamoró y se casó con un soldado inglés. Vivian en Inglaterra, pero no podían nunca salir adelante. Estaban sufriendo graves problemas económicos. Tenían muchas deudas y querían vender su casa pero nadie se interesaba en comprarla. Al sufrir un problema tras otro, ella se fue deprimiendo, y además padecía de insomnio, indigestión y muchas otras dificultades. Me expresó que Dios no podía responder a sus oraciones y resolver todos sus problemas. Por fin le dije:

—Deje de llorar hermana y tráigame su Biblia. Le haré una pregunta. Hermana Kitty, ¿necesitó Dios la ayuda de Adán cuando creó los cielos y la tierra?

Ella abrió sus ojos y con sorpresa dijo:

—¿Qué?

—Hermana, le pregunté si Dios necesitó la ayuda de Adán el primer día cuando creó la luz. ¿Creó Dios a Adán el primer día y le pidió que viniera y lo ayudara? "Adán, arriba, vamos a crear la luz. Yo no puedo crear por mí mismo la luz. Necesito tu ayuda". ¿Dijo eso Dios? —pregunté.

Ella leyó en Génesis y luego dijo:

—No, no encuentro eso en mi Biblia.

—Ah, Dios debe haber creado a Adán el segundo día. Seguro que él necesitaba la ayuda de Adán para crear el firmamento.

De nuevo ella miró en su Biblia y dijo:

—No hay nada como eso escrito en mi Biblia.

—Quizás Dios necesitó la ayuda de Adán en el tercer día cuando creó la tierra seca.

—No, no. ¿Está eso escrito así en la Biblia en coreano? —preguntó ella.

—No, claro que no —respondí—. Entonces hermana Kitty, ¿cuándo creó Dios a Adán y a Eva? —pregunté.

—En los últimos minutos del sexto día —replicó ella.

—¿Entonces, significa eso que Dios no necesitó la ayuda de Adán y Eva para crear el cielo y la tierra? —le pregunté.

—Sí, así lo asegura mi Biblia. Dios no parece necesitar la ayuda de Adán y Eva —respondió ella.

Entonces le dije:

—¿Necesita Dios de su ayuda para resolver sus problemas?

La Biblia nos dice que Dios terminó de crear los cielos y la tierra en seis días. Después de haber finalizado todas las cosas,

Dios creó a Adán y a Eva. Cuando llegó la noche del sexto día, todo estaba finalizado. El séptimo día fue el reposo de Dios, pero para Adán fue su primer día en el mundo. Adán miró el cielo y la tierra y a todas las cosas que estaban allí. Era un mundo maravilloso.

Quizás Adán vino al Padre y le dijo: «Padre, este es mi primer día de vida. ¿Hay algo para hacer? ¿Puedo ayudarte?». Y el Padre pudo haberle respondido: «Mi hijo, he preparado todas las cosas. Nada se me ha olvidado en el cielo y en la tierra, y no hay nada que puedas hacer para ayudarme. Se supone que tu vida comienza a partir de mi día de reposo. He finalizado toda la obra. Tú no tienes nada que hacer en la obra de la creación. Lo único que quiero es que creas en mí y me obedezcas. Tu primer día es mi día de reposo, así tú vivirás tu vida por medio de mi reposo».

Le dije a mi anfitriona: «Hermana Kitty, como ve, Adán no tuvo nada que hacer porque la Biblia dice en Génesis 2:1: "Fueron, pues, acabados los cielos y la tierra". En cuanto a las cosas materiales se refiere, Dios las terminó hace casi seis mil años, y usted no tiene que preocuparse sobre qué comerá, qué vestido se pondrá, dónde vivirá, qué clase de trabajo hará, etcétera. Dios creó todas las cosas por completo. Hermana Kitty, ¿acaso le parece que usted tiene algo de qué preocuparse?».

El trabajo le pertenecía a Dios. Durante seis días, Dios trabajó solo. Ese era el privilegio de Dios. Dios no quería darle ese trabajo a usted. Si usted solo cree y le obedece, entonces él le dará las cosas que ha preparado. Necesitamos confesar nuestra falta de fe y de obediencia.

Le pedí a la hermana Kitty que nos arrodilláramos y confesáramos nuestra desobediencia y nuestra falta de fe. Luego le pedí que le entregara todas sus cargas y preocupaciones a Dios, como él dice que lo hagamos en la primera carta de Pedro 5:7:

«Echando toda vuestra ansiedad sobre él, porque él tiene cuidado de vosotros».

Es un gran pecado quitarle el trabajo a Dios de sus manos. El trabajo es el privilegio de Dios. Él hace todo el trabajo solo. Dios solo quiere que nosotros gocemos los frutos de su labor. Se supone que nuestra vida comienza a partir de su reposo. De modo que Dios nos dice: «Ven y recibe mi reposo. He terminado de crear los cielos y la tierra. Solo ven y obedece; cree en mí y yo te enseñaré las cosas que he preparado para ti».

Mientras estábamos allí arrodillados, la hermana Kitty le entregó todo a Dios: su lucha por salir adelante, el problema de la venta de la casa y la preocupación de cómo pagar todas las deudas. Al darse cuenta de que todas esas preocupaciones y cargas le pertenecían a Dios, ella pudo entrar al lugar de reposo que Dios le ofrecía. Supo en ese momento que él le estaba resolviendo sus problemas y que ya no debía cargarlos más sobre sus hombros.

A la mañana siguiente, me dirigí a Cardiff para asistir a una reunión de ocho días. A mitad de semana, recibí una hermosa carta de la hermana Kitty. Desde su comienzo, todas eran alabanzas al Señor. Decía: «Después que usted se fue, comencé a tener una paz increíble en mi corazón. Sé ahora que todo mi trabajo y todos mis problemas le pertenecen a Dios y que él ya ha finalizado todo hace seis mil años. Mientras estaba alabando a Dios, vino una pareja a mirar la casa y de inmediato ofrecieron un contrato para comprarla a un precio mucho mayor del que yo esperaba. Ahora todos los problemas para pagar nuestras deudas se han resuelto y hemos encontrado una casita pequeña que es justo lo que necesitamos nosotros dos. Todo ha resultado increíblemente bien. No sabía que nuestro Dios era un Dios tan bueno. ¡Alabado sea su nombre! Él obra cuando lo dejamos obrar».

Cuando Dios creó a Adán y a Eva, no creó al hombre para que trabajara. Dios creó al hombre para que viviera en su reposo. El hombre podría haber vivido en el reposo de Dios si hubiera obedecido y creído, pero el diablo se puso celoso y trató de engañar a Adán y a Eva. Adán fue engañado por Satanás y desobedeció y no confió en Dios. En vez de creer que Dios había finalizado su obra, el trató de manejar su vida a su manera. Y así Adán pecó. La palabra griega para pecado es *hamartia*. *Hamartia* significa «errar el blanco». De modo que Adán y Eva le erraron al blanco de la obediencia y de la fe. Trajeron al mundo el problema del pecado, que es un problema espiritual. Los problemas materiales estaban resueltos, pero Adán y Eva trajeron problemas espirituales. Por lo tanto, Dios comenzó a trabajar una vez más, pero ahora Dios estaba trabajando para resolver problemas espirituales. Dios trabajó por más de cuatro mil años y por fin envió a su Hijo unigénito, Jesucristo, en forma de ser humano, y él tomó sobre su cuerpo nuestros pecados e iniquidades y fue por su propia voluntad al Gólgota. ¿Necesitó Jesús la ayuda de seres humanos para llevar a cabo su obra de redención? ¿Vino alguna vez Jesús y le pidió que lo ayudara a llevar su carga? ¿Le pidió alguna vez Dios que lo ayudara a llevar a cabo su obra de redención? ¡No y mil veces, no!

Cristo mismo llevó sobre sí los pecados de toda la humanidad. Colgó de la cruz por nosotros, y por medio de su sufrimiento y su derramamiento de sangre, expió nuestros pecados. Después una vez más, dijo: «Consumado es».

Juan 19:30 dice: «Cuando Jesús hubo tornado el vinagre, dijo: Consumado es». De manera que la obra de redención de nuestra alma está terminada. No hay nada que tengamos que hacer para ayudar a Jesús a redimirnos. Para obtener la salvación, solo necesitamos obedecer y creer. Si trata de comprar la salvación a través de sus obras, está perdido. La salvación es un regalo completamente gratis del Señor. Jesús mismo lo consumó.

Adán y Eva trajeron el problema del pecado al mundo, pero Dios obro por sí mismo para proveernos una vía de escape. Ya en la cruz Jesús dijo: «Consumado está». La obra está terminada y todo lo que nos resta hacer es creer y confiar en que Dios está obrando en todas nuestras diversas situaciones. Primera Corintios 2:9 dice:

> *Antes bien, como está escrito: Cosas que ojo no vio, ni oído oyó, ni han subido en corazón de hombre, son las que Dios ha preparado para los que le aman.*

Dios ha preparado cosas para sus necesidades materiales. Dios ha preparado cosas también para sus necesidades espirituales. La obra está completa. El trabajo le pertenece a Dios y si usted intenta trabajar por él, él estará disgustado. Solo debe obedecerle, confiar en él y vivir para él. El Espíritu Santo de Dios lo ayudará y lo guiará a las cosas que él ha preparado para usted. Su vida ha sido preparada, su salvación ha sido preparada, su hogar eterno ha sido preparado. Usted no puede ayudar a Dios.

Sung Ho Dim es uno de los pastores asociados que trabajan en mi iglesia. Durante la Guerra de Corea, él decidió no escaparse y quedarse bajo el régimen comunista porque quería ayudar a los cristianos. Tuvo que escaparse a las montañas para refugiarse. Durante el día se quedaba allí, pero en la noche salía a visitar a los cristianos en el pueblo. Durante el invierno, en Corea hay mucha nieve. Un día cayó tanta nieve, que cuando el hermano Kim trató de ir hacia el pueblo, perdió su rumbo. Llegó la noche y él seguía marchando pero estaba totalmente perdido. Estaba exhausto por completo y ya no podía caminar más. En esa oscuridad, cansado y hambriento, apoyó su maleta en el suelo y dijo: «Padre, tú sabes que no puedo caminar más. Estoy muy cansado y debo dormir en la nieve. Por favor, envíame una manta y cúbreme durante toda la noche». Después de orar, se acostó y se durmió. A la mañana siguiente, se despertó y se sintió muy abrigado. Sentía como si su madre hubiera venido y lo hubiera abrazado durante toda la noche. Cuando abrió sus ojos se dio cuenta de que había sido un tigre montés quien había venido y lo había abrazado toda la noche, porque cuando abrió sus ojos, el tigre comenzó a lamerle la cara. Vio sus colmillos filosos, pero el pastor Kim no sintió temor alguno. Estaba tan lleno del Espíritu Santo, que el tigre le parecía como un gatito. Dijo: «Padre, te pedí que me mandaras una manta, pero nunca me imagine que me mandarías una manta viviente».

Dios prepara. Dios conoce su situación y puede proveer todo lo que usted necesita. Sí, Dios ha preparado cosas para aquellos que lo aman. Dios lo invita a que entre en su reposo. Las personas tratan de construir su propia seguridad. Tratan de amontonar dinero para ellos mismos. Tratan de construir un buen ambiente para poder descansar, pero hoy día, no podemos confiar en esas cosas. Todos los días, las cosas cambian. La gente vive en un estado de agitación. Dios no nos dice que entremos al descanso de los seres humanos. Dios nos dice: «Entra a mi descanso». Sí, es al descanso de Dios a donde debemos ir. La Biblia dice que una vez que entramos en el descanso de Dios, estamos libres de todo trabajo.

Dos mil años atrás, Dios finalizó la obra de redención de su alma. Él dijo: «Consumado es». Cristo pagó todas nuestras deudas de pecado. Usted no puede ayudarlo. Está terminado. No hay nada para ayudar o brindar apoyo. Todo lo que él pide es que usted ponga su confianza en él, le obedezca, y reciba el regalo de la salvación. Viva su vida para Dios y gozará de su reposo. Dios lo ha preparado todo para usted.

Déjeme contarle una de mis experiencias. Hace unos años atrás, después de finalizar una reunión en Río de Janeiro, Brasil, me dirigí al aeropuerto ya para irme. Algunos de los ministros vinieron a despedirse y luego se fueron. Yo ya había despachado mi equipaje en el mostrador de la Pan American y nos encontrábamos alineados para abordar el avión. De repente, uno de los agentes policiales brasileños se acercó y me dijo: «Muéstreme su pasaporte». Cuando se lo mostré, lo agarró, se lo puso en el bolsillo y se alejó. Corrí detrás de él y le grité: «¡Devuélvame mi pasaporte!».

En Brasil, muy poca gente habla inglés y él no era una excepción. Hablan portugués y yo solo sé una sola palabra en portugués: «muito obrigado», lo cual significa «muchas gracias».

Así que le dije: «Muito obrigado, devuélvame mi pasaporte». Pero él me empujó a un lado, abrió una puerta y entró en una oficina. Para entonces, la línea aérea Pan American había estado llamándome; pero como no tenía mi pasaporte, quitaron mi equipaje del avión y allí estaba yo, abandonado en el aeropuerto. Llorando, dije: «Señor, ¿qué me ha ocurrido? Todo lo que llevé a cabo aquí en Río de Janeiro y ahora por qué me abandonas de esta manera?».

Cuando abrí los ojos, vi a un caballero que caminaba hacia mí junto a una hermosa joven. El señor dijo: «¿Es usted de Seúl, Corea?». Cuando escuché su inglés, me sentí mejor y dije: «Sí, así es». Entonces él me dijo: «Soy un misionero y vivo en Sao Paulo, pero hoy tenía algunos negocios aquí, y por eso estoy en el aeropuerto. Cuando lo vi, recordé haber visto una foto suya hace diez años atrás. Uno de mis amigos de Corea me mandó una foto suya hace más de diez años y esta mañana, cuando lo vi, la recordé».

Yo estaba tan contento que le dije: «Necesito su ayuda. Un policía brasileño me ha quitado mi pasaporte». Le pidió a su hija que me ayudara y ella me llevó de una oficina a otra, pero nos llevó todo el día encontrar el pasaporte y recuperarlo. No había ningún vuelo de enlace por una semana, así que, invitado por el misionero, me fui con ellos a Sao Paulo y allí dirigí reuniones durante una semana. Sin embargo, todavía no entendía por qué Dios me había enviado a Sao Paulo.

Una mañana, mientras desayunaba con esa familia, escuché a alguien que lloraba. Me enteré que la hija estaba orando para que Dios proveyera el dinero para poder ir a la escuela. El Espíritu me dijo: «Te he traído aquí para que le ayudes a pagar su matrícula». Le pedí a la joven que viniera y le dije: «No necesitas orar más. Dios ha escuchado tus oraciones. Yo ya tengo la respuesta». Ella me dijo: «¿Ah, sí? ¿Dónde está la respuesta?». Le dije: «Yo tengo la respuesta». Así que escribí un cheque y se lo entregué.

Aquella mañana me fui para el aeropuerto. De repente tuve la sensación de que se me había olvidado algo. Me acordé que había dejado mi máquina fotográfica en el cuarto del hotel, pero ya no tenía tiempo de regresar a buscarla. Cuando llamé al hotel y les pedí que me la enviaran por encomienda postal a Corea, me dijeron que eso era imposible. Así que le dije al misionero: «Bueno, entonces, mi máquina fotográfica es tuya». A esto, él me respondió: «¡Alabado sea el Señor! Durante tres meses he estado orando por una máquina fotográfica y Dios ha respondido a mis oraciones». De modo que Dios me había enviado a Sao Paulo, me había quitado mi dinero y mi cámara fotográfica, pero yo me sentía el hombre más feliz del mundo.

Cuando llegué a mi casa, los ancianos de mi iglesia vinieron y me entregaron un precioso automóvil. Dios prepara todo. Para poder contestar las oraciones de aquel misionero y su hija, que vivían en Sao Paulo, Dios llamó a un coreano que vivía al otro lado del océano Pacífico y hasta lo obligó a quedarse atascado en el aeropuerto de Río de Janeiro.

Como puede ver, Dios nos prepara todo. Él conoce nuestra situación y todos los detalles. Solo confiésele su amor y su fe. Confiese su desobediencia; comience a pagar el diezmo; guarde en santidad el día de reposo y obedezca a Dios y a su Palabra. Entregue a Dios sus problemas y sus preocupaciones y él lo bendecirá. Entre en el reposo de Dios y aun cuando todo el mundo ande al revés, usted no tendrá que preocuparse de nada porque está en el reposo de su Dios y él nunca le va a fallar.

Capítulo 19

Porque un niño nos es nacido
Isaías 9:6-7

Hace dos mil seiscientos años atrás, el profeta Isaías profetizó el nacimiento de Jesucristo. La profecía era muy clara a pesar de haber sido escrita casi seiscientos años antes de su cumplimiento. Isaías había dicho: «Porque un niño nos es nacido, hijo nos es dado». También profetizó acerca de los nombres maravillosos que le serían dados a Jesucristo y predijo el ministerio para el cual vendría Cristo. Veamos el significado de aquellos nombres que el profeta Isaías le dio al niño Jesús.

En primer lugar, su nombre es Admirable. Admirable quiere decir algo que causa admiración; esto es, algo maravilloso o asombroso. En lenguaje coloquial, admirable significa algo muy bueno, excelente, y otros términos similares de aprobación.

Su nacimiento fue admirable. Nadie jamás en la historia de la humanidad ha nacido de una virgen. Jesucristo nació de una virgen mediante el poder milagroso del Espíritu Santo. En verdad, su nacimiento fue tan admirable como su vida.

Durante sus más de tres años de ministerio terrenal, desde el principio hasta el fin, Jesús llevó una vida admirable y dinámica. Cristo salvó a pecadores y sanó a todos los enfermos de una forma tan admirable y gloriosa que su fama se divulgó por todo Palestina. Aun su muerte y resurrección fueron admirables.

Cuando murió en la cruz, el día se convirtió en noche y un terremoto sacudió el suelo. Luego, tres días después, al vencer a la muerte y el infierno, Jesús resucitó de entre los muertos. Su resurrección nos da esperanza y vida eterna.

Su nombre continúa siendo aún hoy, Admirable. Cuando Jesús viene a su corazón, él hace que su vida sea admirable. Usted es salvo de una manera admirable y gloriosa, y tendrá una admirable y hermosa vida. No solo eso, sino que también puede esperar admirables bendiciones cada día, cuando el Señor Jesucristo reina en su vida.

En segundo lugar, su nombre es Consejero. ¿Qué significa consejero? Consejero significa aquel que da palabras de sabiduría y de orientación a los demás. Cuando Jesús vino al mundo en la carne, muchas personas vinieron a él y recibieron sus consejos. Por ejemplo, cuando él le habló a Nicodemo, se dio cuenta de que este estaba muy confundido en cuanto a su salvación. Era un miembro del concilio, un líder judío y un erudito. Según la ley judía, él vivía una vida perfecta, pero no tenía la seguridad de su salvación en su propio corazón. Nicodemo se acercó a Jesús durante la noche, y después de haber recibido su consejo, comprendió claramente que podía recibir la salvación a través del Señor Jesucristo.

Otro ejemplo es la mujer samaritana. Ella había cambiado de marido más de cinco veces y seguía siendo muy infeliz. Siempre sentía una sed profunda e insaciable en su alma. Cuando vino al pozo a sacar agua, conoció a Jesús, y él la aconsejó. Después de recibir su consejo, ella no solo recibió salvación, sino que se llenó de gozo y felicidad. Dejó su jarro de agua junto al pozo y corrió al pueblo a hablarles a los demás acerca de Jesucristo.

Cuando observamos la vida de los discípulos de Jesús, notamos que eran gente común. Sin embargo, ellos vivían junto con Jesucristo y recibieron sus consejos durante más de tres años.

Por medio de las enseñanzas y los consejos de Jesucristo, todas aquellas personas comunes se transformaron en grandes hombres de Dios, y todo el curso de la historia fue cambiado por la predicación de esos discípulos.

Hoy también debemos buscar el consejo sabio de nuestro Señor Jesucristo. ¿Dónde podemos ir para encontrar a Jesucristo y recibir sus consejos personales? No podemos verlo en la carne, pero Jesús nos habla a través de la Biblia. Cada página de la Biblia está llena de su consejo, de modo que si la estudiamos con regularidad y de forma metódica, podemos recibir el consejo vivo de nuestro Señor Jesucristo. Jesús nos dio también el Espíritu Santo. El Espíritu Santo está aquí para acercarnos a Jesús y para recordarnos sus enseñanzas. Cuando oramos, podemos escuchar su suave y apacible voz que nos alienta a recibir la sabiduría de nuestro Señor Jesucristo; la sabiduría más grande del mundo es que sigamos sus enseñanzas. Entonces podremos vivir una vida victoriosa y de éxito.

El tercer nombre que se menciona es Dios Fuerte. Jesucristo es la maravillosa segunda persona de la Trinidad. Él es el Dios Fuerte. ¿Por qué es esto? Él es el Dios Fuerte de la creación, porque la Biblia en Juan 1:3 nos enseña claramente que «todas las cosas por él fueron hechas, y sin él nada de lo que ha sido hecho, fue hecho». De modo que cuando usted mira al cielo y cuenta todas las maravillosas estrellas, o cuando va a orillas del mar y mira el vasto océano, o cuando escucha el hermoso canto de las aves, o mira el maravilloso fruto de los árboles, debiera recordarse a sí mismo que todas esas cosas fueron creadas por la mano de nuestro Señor Jesucristo. Él es también el Fuerte Dios que sostiene el universo. La Biblia dice en Hebreos 1:3:

El cual, siendo el resplandor de su gloria, y la
imagen misma de su sustancia, y quien sustenta

*todas las cosas con la palabra de su poder, habiendo
efectuado la purificación de nuestros pecados
por medio de sí mismo, se sentó a la diestra de la
Majestad en las alturas.*

Todo en el universo está sostenido por la palabra de su poder. Aun nuestras cuatro estaciones están sostenidas por el poder de Jesús. Cuán grande es Jesucristo; él es el heredero de todo el universo. La Biblia dice en Hebreos 1:2: «... en estos postreros días nos ha hablado por el Hijo, a quien constituyó heredero de todo, y por quien asimismo hizo el universo». De modo que Jesucristo es el heredero del cielo y de la tierra y está presente en el futuro. ¡Él es el Rey de reyes y el Señor de señores!

Estoy seguro que usted recuerda las palabras de Jesús en Mateo 28:18: «Y Jesús se acercó y les habló diciendo: Toda potestad me es dada en el cielo y en la tierra». Sí, él tiene todo el poder en el cielo y todo el poder en la tierra. Todos se arrodillarán frente a él. Jesucristo es el Dios Todopoderoso. Cuando Cristo está en su corazón, ello significa que tiene al Dios Todopoderoso dentro de su ser. Debido a que Cristo vive en usted, no debe preocuparse de las cosas de este mundo. Nada ni nadie puede derrotarlo. La Biblia nos dice que si Cristo está con nosotros, quién puede estar en contra.

En cuarto lugar, la Biblia dice que él es el Padre Eterno. ¿Cuál es el significado de Padre? Nuestro Padre es el creador y protector de nuestra vida. Un padre natural nos engendra y nos protege hasta que crecemos. Somos engendrados por el Padre por medio de la sangre de Jesucristo que fue derramada en la cruz del Calvario. Usted y yo no solo fuimos limpiados de nuestros pecados, sino que también recibimos vida nueva y eterna de nuestro Padre celestial, por medio de Cristo. Él es el creador de nuestra vida, de modo que podemos aferrarnos a él como nuestro

Padre. Cristo nos protege y provee para nosotros y nos cuida con ternura. Él, sin embargo, es diferente de un padre terrenal en que nuestro padre terrenal envejece y muere, en cambio Jesucristo es el Padre Eterno. Este Padre nunca cambiará; ¡será siempre el mismo! Con nosotros es como un padre tierno que cuida a sus hijos con su mano poderosa. Es el Padre Eterno para sus hijos.

Por último, él es el Príncipe de Paz. La historia de la humanidad es una historia de tribulaciones. El famoso doctor Einstein dijo: «No hay defensa en la ciencia en contra de las armas que están destruyendo en este momento a la civilización». El doctor J. Robert Oppenheimer, físico y director del laboratorio americano de la bomba atómica, dijo: «En la próxima guerra ninguno de nosotros puede contar con tener suficiente vida como para enterrar a los muertos». El presidente Kennedy dijo: «La humanidad tendrá que ponerle fin a la guerra o la guerra le pondrá fin a la humanidad». Pero Lucas 21:10-11 dice:

> *Entonces les dijo: Se levantará nación contra nación,*
> *y reino contra reino; y habrá grandes terremotos, y*
> *en diferentes lugares hambres y pestilencias; y habrá*
> *terror y grandes señales del cielo.*

Sí, este mundo, desde su principio hasta el presente, ha presenciado constantes tribulaciones, guerras y rumores de guerras. Cuando prendemos la televisión o escuchamos la radio, o abrimos el periódico matutino o vespertino, podemos escuchar o leer acerca de rumores de guerra y combates reales. Ahora mismo, hay guerra en el África y hay guerra en la región del Sahara. Las noticias están llenas de revueltas y revoluciones. Este mundo no tiene paz. El filósofo Hegel dijo que «la historia nos enseña que el hombre no aprende nada de la historia». Eso es cierto. Aun después de la Primera Guerra Mundial el hombre no aprendió nada y pronto vino la Segunda Guerra Mundial. Y desde la culminación de la Segunda Guerra Mundial ha habido guerras continuas en el mundo hasta el presente. Si alguna vez tenemos una Tercera Guerra Mundial, habrá sin duda un holocausto: la posibilidad de la total aniquilación de los seres humanos.

¿Entonces, dónde o cómo tendremos paz? Es imposible tener paz aquí en la tierra mediante esfuerzos humanos. Todos los líderes del mundo gritan paz, pero no saben qué hacer para tenerla. En el cristianismo tenemos esperanza, porque Jesucristo es el Príncipe de Paz. Según las enseñanzas de la Palabra de Dios, cuando Jesucristo venga por segunda vez a la tierra, traerá paz duradera a este mundo. Hasta entonces, nosotros los cristianos, al tener a Jesucristo en nuestro corazón, podemos tener paz en nuestra alma.

El hombre es un ser espiritual que vive en un cuerpo carnal. Así que si recibimos a Cristo en nuestro corazón, a pesar de que no hay paz física en el mundo, tenemos paz abundante en nuestra alma. Mediante la sangre de Jesucristo tenemos reconciliación con Dios y podemos llamarlo Padre. ¡Qué paz tremenda sentimos en nuestro corazón debido a la presencia del Espíritu Santo! La presencia del Príncipe de Paz en nuestra vida nos da la seguridad de esa paz.

Al conmemorar la primera venida de nuestro Señor Jesucristo, esperemos de todo corazón la Segunda Venida de nuestro Señor. Desde la época de Adán hasta la primera venida de Cristo, la historia de la humanidad registró a los hombres esperando a un Redentor. Ahora, desde la resurrección y ascenso de Jesucristo, la historia ha estado a la espera de su regreso como Rey de reyes y Señor de señores.

El Antiguo Testamento profetizó la primera venida de Jesucristo más de trescientas veces y cada profecía se ha cumplido. La misma Biblia también profetiza la Segunda Venida de Jesucristo más de quinientas veces. Ya que la primera profecía se ha cumplido en todo detalle, debemos tener fe y creer que la segunda promesa de su venida a esta tierra por segunda vez también se cumplirá con exactitud. ¿Quién sabe si no pasaremos la próxima Navidad con Cristo que ha venido por segunda vez, nuestro Señor y Salvador?

Jesucristo es el mismo ayer, hoy y para siempre, y su nombre es todavía Admirable, Consejero, Dios Fuerte, Padre Eterno, Príncipe de Paz.

Reciba a Jesucristo de acuerdo a estos nombres maravillosos. Reconozca su presencia y su ministerio de acuerdo a esos nombres y usted disfrutará, exactamente como lo profetizó la Biblia, obras poderosas y diversas de Jesucristo en su vida hasta que él regrese.

Capítulo 20

El Espíritu Santo continúa el ministerio de Cristo
Juan 16:12-16

Jesucristo, antes de su ascensión, hizo unas promesas increíbles. Esas promesas nunca antes fueron dichas con tal autoridad por nadie. En verdad, nadie puede hablar como él habló. En Mateo 28:19-20 encontramos estas palabras:

> *Por tanto, id, y haced discípulos a todas las naciones, bautizándolos en el nombre del Padre, y del Hijo, y del Espíritu Santo; enseñándoles que guarden todas las cosas que os he mandado; y he aquí yo estoy con vosotros todos los días, hasta el fin del mundo. Amén.*

En Mateo 18:20, él nos dio esta promesa misteriosa: «Porque donde están dos a tres congregados en mi nombre, allí estoy yo en medio de ellos». Está claro que Jesús murió en la cruz y resucitó al tercer día, y después de su ascensión al Padre, no hemos tenido su presencia física entre nosotros. ¿Cómo puede él entonces darnos estas tremendas promesas de su presencia inmediata con y entre nosotros siempre? Si es que Cristo está entre nosotros, entonces, sin lugar a dudas, debemos esperar que se repitan hoy las mismas obras maravillosas que él llevó a cabo dos mil años atrás en Palestina. Si no, entonces las palabras de Cristo no son más que exageraciones carentes de sentido. ¿De qué forma podría Cristo estar siempre presente con nosotros a pesar de que está sentado a la diestra de Dios en el cielo?

En primer lugar, Cristo está presente con nosotros mediante el «otro Consolador». La Biblia dice en Juan 14:16-20:

> *Y yo rogaré al Padre, y os dará otro Consolador,*
> *para que esté con vosotros para siempre: el Espíritu*
> *de verdad, al cual el mundo no puede recibir, porque*
> *no le ve, ni le conoce; pero vosotros le conocéis,*
> *porque mora con vosotros, y estará en vosotros. No*
> *os dejaré huérfanos; vendré a vosotros. Todavía un*
> *poco, y el mundo no me verá más; pero vosotros me*
> *veréis; porque yo vivo, vosotros también viviréis.*
> *En aquel día vosotros conoceréis que yo estoy en mi*
> *Padre, y vosotros en mí, y yo en vosotros.*

Cristo declaró, de forma bien específica, que él estaría para siempre con nosotros a lo largo de toda nuestra vida. En este pasaje, Jesucristo nos dice que él es el «primer Consolador».

La palabra Consolador tiene un significado muy rico. En el griego original, la palabra Consolador significa «uno que es llamado a nuestro lado para ayudar». En este versículo de las Escrituras, Cristo sugiere que él mismo es el «primer Consolador», «llamado a nuestro lado para ayudar», y que el Espíritu Santo es el «otro Consolador», llamado a estar junto a la iglesia para ayudar después de la ascensión de Jesucristo al cielo.

Cuando Jesucristo estaba en la tierra, él fue el primer Consolador de sus seguidores ya que estaba con ellos constantemente, ayudándoles en todas sus circunstancias. Cuando él estaba por dejar este mundo les prometió a sus discípulos apesadumbrados que no los dejaría huérfanos, sino que él le rogaría al Padre, y el Padre enviaría «otro Consolador». Jesús mismo llamó al Espíritu Santo el «otro Consolador».

Las palabras en el griego original son *Allos Parakletos*. Los eruditos griegos dicen que *Allos* significa «la misma clase de otro». El Espíritu Santo es exactamente la misma clase de Consolador que el primero, pero él es la tercera persona de la Santa Trinidad. El Espíritu Santo que fue derramado en Pentecostés ha estado ocupando el lugar de Jesucristo y ha continuado con el mismo ministerio, en su nombre, hasta el presente. Por lo tanto, él es el *Allos Parakletos*, «la misma clase de Consolador». Esa es la razón por la cual la presencia del Espíritu Santo es exactamente la misma que la de Jesucristo nuestro Señor. Jesús dijo: «No los dejaré sin consuelo, yo vendré a vosotros». Y de nuevo dijo: «En aquel día vosotros conoceréis que yo estoy en mi Padre, y vosotros en mí, y yo en vosotros». La presencia del Espíritu Santo es la presencia de Jesucristo.

En segundo lugar, veamos cómo el Espíritu Santo continúa con el ministerio de Cristo. Lucas 4:18 y 19 dice:

> *El Espíritu del Señor está sobre mí, por cuanto me*
> *ha ungido para dar buenas nuevas a los pobres; me*
> *ha enviado a sanar a los quebrantados de corazón; a*
> *pregonar libertad a los cautivos, y vista a los ciegos;*
> *a poner en libertad a los oprimidos; a predicar el*
> *año agradable del Señor.*

Esta es la declaración del evangelio de Jesucristo. Jesús dijo claramente que él estaba llevando a cabo su ministerio a través y por medio de la unción del Espíritu Santo. Cristo es la cabeza; pero el cuerpo, la iglesia, permanece aquí en la tierra. El mismo

Espíritu Santo que fue derramado sobre la iglesia de Jesucristo en Pentecostés es aún hoy evidente. Por supuesto que podemos esperar el mismo ministerio de liberación de Jesús entre nosotros hoy día porque el Espíritu Santo, el «otro Consolador», es exactamente la misma clase de Consolador y lleva a cabo exactamente el mismo tipo de ministerio que llevó a cabo Jesucristo cuando estaba en la tierra.

En la actualidad, se predica el evangelio a los pobres mediante la unción del Espíritu Santo a través del cuerpo terrenal de Cristo, la iglesia. En el nombre de Jesucristo, los quebrantados de corazón reciben sanidad y los cautivos son liberados por el poder del Espíritu Santo. Los ciegos espirituales, y en muchos casos los físicamente ciegos, reciben la vista. Los oprimidos son puestos en libertad y se predica el año agradable del Señor. El Espíritu Santo está muy ocupado, administrando los dones de gracia mediante del cuerpo terrenal: la iglesia de Jesucristo. Cristo llevó a cabo la declaración de su evangelio bajo la unción del Espíritu Santo, pero ahora cada miembro de esa vasta multitud que compone el cuerpo de Cristo aquí en la tierra, está ungido por el Espíritu Santo cuando testifica. El Espíritu Santo obra a través de la iglesia y realiza el mismo ministerio que realizó Cristo hace dos mil años en Palestina.

En tercer lugar, el libro de Hechos continúa aún en el presente. Muchos teólogos liberales dicen que los milagros que se encuentran en el libro de Hechos, finalizaron en el primer siglo y, por lo tanto, hoy no podemos esperar semejantes obras de liberación como las que registra este libro del Nuevo Testamento. Sin embargo, leamos lo que dice Lucas en el comienzo de su carta a Teófilo, en Hechos 1:1. «En el primer tratado, oh Teófilo, hablé acerca de todas las cosas que Jesús comenzó a hacer y a enseñar». Aquí encuentro el comienzo de los hechos y las enseñanzas de Cristo, pero no encuentro escrito nada en Hechos que me indique que Cristo finalizó sus obras y sus enseñanzas. Jesucristo está aún haciendo cosas y enseñando mediante el Espíritu Santo, tal cual lo hizo hace dos mil años. La Biblia dice en Marcos 16:20: «Y ellos, saliendo, predicaron en todas partes, ayudándoles el Señor y confirmando la palabra con las señales que la seguían». De modo que las mismas obras que Jesucristo comenzó a hacer y a enseñar continúan hoy a través del Espíritu Santo entre nosotros.

El Espíritu Santo mora entre nosotros para siempre. La Biblia dice en Juan 14:16: «Y yo rogaré al Padre, y os dará otro Consolador, para que esté con vosotros para siempre». El Espíritu Santo continúa las obras y las enseñanzas de Jesucristo entre nosotros. Juan 16:13 y 14 también nos dice:

> *Pero cuando venga el Espíritu de verdad, él os guiará a toda la verdad; porque no hablará por su propia cuenta, sino que hablará todo lo que oyere, y os hará saber las cosas que habrán de venir. Él me glorificará; porque tomará de lo mío, y os lo hará saber.*

Note aquí que el Espíritu Santo tomará de lo de Jesucristo y él nos lo hará saber a usted y a mí. De modo que el ministerio del Espíritu Santo es un duplicado exacto del ministerio de Jesucristo. Hoy, en la última parte del siglo veinte, el Espíritu Santo continúa, mediante los creyentes, con el mismo ministerio que Cristo comenzó hace dos mil años.

Muchas personas preguntan: «¿Entonces por qué no tenemos el mismo ministerio de Jesús hoy entre nosotros?». Existe una razón. Es porque hay muchos cristianos en la iglesia que se han entibiado y ya no reconocen la presencia del Espíritu Santo entre ellos. Ya no están interesados en recibir el bautismo del Espíritu

Santo. El Espíritu Santo es exactamente el mismo tipo de Consolador que Cristo, y dado que esas personas apagan al Espíritu del Señor, Cristo no puede ministrar en medio de ellas.

En Judas 17-19 recibimos una advertencia:

Pero vosotros, amados, tened memoria de las palabras que antes fueron dichas por los apóstoles de nuestro Señor Jesucristo; los que os decían: En el postrer tiempo habrá burladores, que andarán según sus malvados deseos. Estos son los que causan divisiones; los sensuales, que no tienen al Espíritu.

Note la frase: «que no tienen al Espíritu». Allí donde no está el Espíritu Santo, el Cristo viviente no se manifiesta. Pero cuando usted reconozca la presencia personal del Espíritu Santo entre nosotros, dele la bienvenida, recíbalo y dependa totalmente de él. Entonces, las obras y las enseñanzas maravillosas de nuestro Señor Jesucristo se manifestarán en su propia vida. Usted verá almas que son salvadas, enfermos sanados, diablos echados fuera, e increíbles respuestas a sus oraciones. Cristo no ha terminado aún sus negocios. Cristo no ha finalizado su ministerio. Él continúa su ministerio entre nosotros mediante el «otro Consolador», el Espíritu Santo: *Allos Parakletos*. En un cierto sentido, el libro de Hechos aún no ha sido terminado, sino que continúa todavía hoy, y continuará a través de los creyentes bautizados en el Espíritu hasta que Jesús venga otra vez.

Nos agradaría recibir noticias suyas.
Por favor, envíe sus comentarios sobre este libro
a la dirección que aparece a continuación.
Muchas gracias.

Vida@zondervan.com
www.editorialvida.com